KB270376

지름길, 일본어 첫걸음

조성범 · 강흥권 지음

正進出版社

머리말

가깝고도 먼 나라로 불리워지던 일본은 21세기에 들어와 개최된 2002년 월드컵 공동 개최를 통해서 이웃간의 거리가 좀 더 가까워진 듯 한 느낌입니다. 최근에 들어와서는 영화, 대중가요, 애니메이션 등 일본 문화의 적극적인 개방으로 인해 가깝고도 가까운 나라로 점점 다가오고 있습니다.

이러한 영향 탓인지 청소년들의 일본에 대한 관심과 흥미는 더욱 많아지고 있으며, 이에 비례하여 일본어 학습 서적 한 두 권쯤 없는 사람이 없을 정도로 일본어 학습 관련 서적의 출판은 홍수를 이루고 있습니다.

일본어는 특히 어순이 우리말과 거의 같은 구조로 되어 있어 많은 사람이 일본어를 배우고자 시도를 합니다. 그러나, 중도에서 포기하는 사람들 또한 많습니다. 그 이유 중의 하나는 처음에는 일본어가 배우기가 용이하다고 생각하여 많은 사람들이 학습을 시작합니다만 배우면 배울수록 어려워지고 흥미가 감소되기 때문이 아닌가 생각합니다.

이러한 분들을 염두에 두고 이 책을 끝까지 학습할 수 있도록 단원마다 새로운 흥미를 가질 수 있도록 구성하였으며 타인의 강의에 의존하지 않고도 독학으로 마칠 수 있도록 집필하였습니다.

이 책의 주요 특징을 소개하면 다음과 같습니다.

1. 문법의 구조에 중심을 둔 나열식의 집필이 아니라 의사소통 기능을 중시하여 각 단원의 내용에 흥미와 관심을 가질 수 있도록 하였습니다.

2. 주변의 실생활에서 쉽게 접할 수 있는 일상의 생활 장면이나 상황을 중시하였습니다.

3. 단원의 내용을 단순하고 쉽게 구성하여 학습자가 지루하지 않게 학습할 수 있도록 구성하였습니다.

4. 일본어 문자 및 발음이 어느 정도 익숙해 질 때까지 일본어의 발음을 원음에 가깝게 우리말로 표기하여 학습에 도움이 되도록 하였습니다.

5. 7차 교육과정의 고등학교 일본어 기본 어휘를 비롯하여 사용 빈도수가 높은 어휘를 선택하였습니다.

이 책이 일본어를 학습하는데 많은 도움이 되기를 기도합니다.

2003.12.

저자 씀.

목차

パクミンス

박민수

山田 ひろし
（やまだ）

야마다 히로시

イミラ

이미라

森 ゆみこ
（もり）

모리 유미코

일본어의 문자와 발음

일본어의 문자

일본어는 세계의 여러 언어 가운데 문자의 종류가 가장 다양한 언어 중의 하나이다. 일본어를 나타내기 위한 문자로서 현재 히라가나(平仮名)와 가타카나(片仮名), 한자(漢字)가 있으며 보조적인 문자로서 알파벳, 아라비아 숫자, 로마 숫자, 그리스 문자(수학 공식 등) 등 약간의 기호도 사용된다.

50음도(50音図, ごじゅうおんず)

50음도란 かな를 일정한 순서에 의해서 5자씩 10개의 행(行)으로 배열한 것을 말한다. 같은 자음으로 배열된 것을 행(行)이라 하고, 같은 모음으로 배열된 것을 단(段)이라고 한다. 行과 段은 사전을 찾을 때나 동사의 어미 변화를 학습할 때 알아야 할 사항이므로 꼭 기억해 두어야 한다.

1. 히라가나 _ ひらがな

일본의 헤이안시대(平安時代, 9세기경)에 궁중 귀족의 여성들에 의해 한자의 초서(草書 : 흘림체)를 바탕으로 하여 만들어진 문자로 모양이 부드럽고 둥글게 되어 있다. 원래 글자 수는 오늘날보다 훨씬 많았으나, 20세기 초에 오늘날과 같은 히라가나가 정부에 의하여 결정되었다. 한자와 함께 현대 일본어를 표기하는 가장 중요한 문자이다.

段＼行	あ행 [모음]	か행 [k]	さ행 [s]	た행 [t]	な행 [n]	は행 [h]	ま행 [m]	や행 [y]	ら행 [r]	わ행 [w]
あ단 [a]	あ a	か ka	さ sa	た ta	な na	は ha	ま ma	や ya	ら ra	わ wa
い단 [i]	い i	き ki	し ʃi	ち tʃi	に ni	ひ hi	み mi		り ri	
う단 [u]	う u	く ku	す su	つ tsu	ぬ nu	ふ hu	む mu	ゆ yu	る ru	
え단 [e]	え e	け ke	せ se	て te	ね ne	へ he	め me		れ re	
お단 [o]	お o	こ ko	そ so	と to	の no	ほ ho	も mo	よ yo	ろ ro	を o	ん [ŋ]

2. 가타카나 _ カタカナ

역시 헤이안시대(平安時代)부터 스님들이 불경 강의를 들을 때 그 발음을 표기하기 위하여 쓰여진 문자로, 한자의 변(邊)이나 방(傍)의 한 부분을 따서 만든 글자이므로 글자체가 직선적이며 각을 이루는 글자가 많다. 처음부터 보조적인 문자로 출발하였으며, 외래어 표기나 국가명·지명, 의성어, 의태어, 전보문, 특별히 강조하고자 하는 내용 등을 표기하는 데 사용한다.

行 段	ア행 [모음]	カ행 [k]	サ행 [s]	タ행 [t]	ナ행 [n]	ハ행 [h]	マ행 [m]	ヤ행 [y]	ラ행 [r]	ワ행 [w]	
ア단 [a]	ア a	カ ka	サ sa	タ ta	ナ na	ハ ha	マ ma	ヤ ya	ラ ra	ワ wa	
イ단 [i]	イ i	キ ki	シ ʃi	チ tʃi	ニ ni	ヒ hi	ミ mi		リ ri		
ウ단 [u]	ウ u	ク ku	ス su	ツ tsu	ヌ nu	フ hu	ム mu	ユ yu	ル ru		
エ단 [e]	エ e	ケ ke	セ se	テ te	ネ ne	ヘ he	メ me		レ re		
オ단 [o]	オ o	コ ko	ソ so	ト to	ノ no	ホ ho	モ mo	ヨ yo	ロ ro	ヲ o	ン [ŋ]

3. 한자

일본에 문자가 없던 시대, 즉 가나(仮名)가 발명되기 전에는 중국에서 들어온 한자만이 쓰였다. 우리 민족에 의하여 전래된 것으로 알려져 있으며 지금도 일본어에서는 한자가 없으면 안될 정도로 많이 쓰이고 있다. 읽는 방법에는 음독과 훈독이 있어 읽는 방법이 다양하며 읽는 방법에 따라 의미도 달라진다.

일본어의 발음

1. 소리의 단위

음성 언어는 소리(음성)를 연속적으로 발음해서 의미를 나타내게 된다. 예를 들면 あたま의 경우, [a] [ta] [ma]가 각각 한 음절(1박)이 되어 모두 3음절(3박)을 나타내게 되는 것이다. 이 때 실제 언어에서 발음하게 되는 소리의 덩어리를 음절(音節, syllable)이라고 한다. 현대 일본어에서 사용되는 음절 수는 대략 103개로서 청음 44개, 탁음 18개, 반탁음 5개, 요음 33개 등으로 영어(4000~7000 개)나 한국어(약 3000 개)보다 매우 적은 편이다.

2. 발음의 종류

(1) 청음 _ 清音せいおん

현대 일본어의 모음은 [a], [i], [u], [e], [o]의 5개이다. あ、い、え、お는 우리말의 [아], [이], [에], [오]와 비슷하나, う는 [으]와 [우]의 중간음 정도로 유의하여 발음해야 한다. 50음도의 가나에 탁점(゙)이나 반탁점(゚)을 붙이지 않은 글자의 음으로 ん을 제외한 모든 음이다.

 **あ** 행

 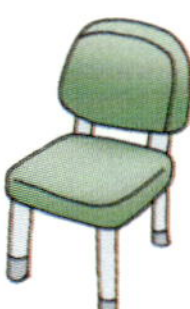 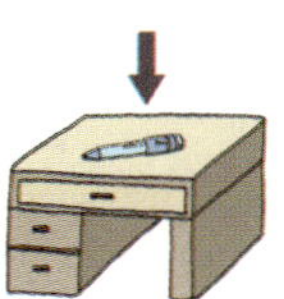  

あめ 아메	**いす** 이스	**うえ** 우에	**えいが** 에－가	**おかね** 오까네
비	의자	위	영화	돈

 **か** 행

かさ 카사	**きもの** 키모노	**くるま** 쿠루마	**けむり** 케무리	**こうえん** 코－엥
우산	기모노	자동차	연기	공원

 さ 행

 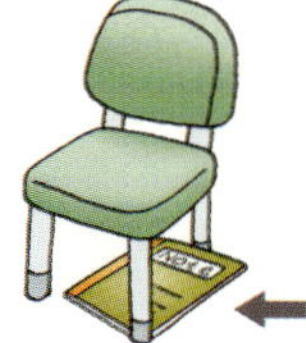   

さかな 사까나	**した** 시따	**すもう** 스모-	**せんせい** 센세-	**そうじ** 소-지
생선	아래	스모	선생님	청소

 た 행

たてもの 타떼모노	**ちかてつ** 치까떼쯔	**つくえ** 츠꾸에	**てがみ** 테가미	**とけい** 토께-
건물	지하철	책상	편지	시계

 な 행

   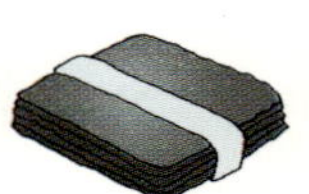

なまえ 나마에	**にんぎょう** 닝교-	**いぬ** 이누	**ねこ** 네꼬	**のり** 노리
이름	인형	개	고양이	김

 は 행

はな 하나	**ひこうき** 히꼬-끼	**ふろ** 후로	**へや** 헤야	**ほん** 홍
꽃	비행기	목욕	방	책

 ま 행

まど 마도	**みみ** 미미	**むすめ** 무스메	**め** 메	**もも** 모모
창문	귀	딸	눈	복숭아

や 행

やま 야마	**ゆき** 유끼	**よる** 요루
산	눈	밤

ら행

さら 사라
접시

りょうり 료–리
요리

ねる 네루
자다

れんぎょう 렝교–
개나리

ろく 로꾸
6

わ행

わたし 와따시
나

ほんを よむ 홍오 요무
책을 읽다

ん행

おかあさん 오까–상
엄마

(2) 탁음 _ 濁音だくおん

か、さ、た、は 행의 오른쪽 위에 탁점(゛)을 붙여서 나타낸다.

が ぎ ぐ げ ご | ガ ギ グ ゲ ゴ ── [ga gi gu ge go]

がっこう 각꼬–
학교

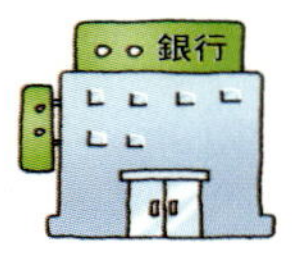

ぎんこう 깅꼬–
은행

およぐ 오요구
수영하다

げんき 겡끼
건강

ごはん 고항
밥

ざ じ ず ぜ ぞ ｜ ザ ジ ズ ゼ ゾ —— [dza dʒi dzu dze dzo]

ざっし 잣시	じしょ 지쇼	みず 미즈	かぜ 카제	ぞう 조-
잡지	사전	물	바람	코끼리

だ ぢ づ で ど ｜ ダ ヂ ヅ デ ド —— [da dʒi dzu de do]

 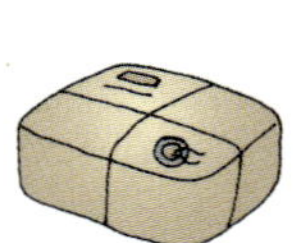  

だいがく 다이가꾸	こづつみ 코즈쯔미	でんわ 뎅와	どようび 도요-비
대학	소포	전화	토요일

ば び ぶ べ ぼ ｜ バ ビ ブ ベ ボ —— [ba bi bu be bo]

ばらの はな 바라노 하나	びよう 비요-	ぶた 부따	べんきょう 벵꾜-	ぼうし 보-시
장미꽃	미용	돼지	공부	모자

(3) 반탁음 _ 半濁音はんだくおん

は행의 오른쪽 위에 반탁점(˚)을 붙여서 나타낸다.

ぱ ぴ ぷ ぺ ぽ ｜ パ ピ プ ペ ポ —— [pa pi pu pe po]

パン 팡
빵

ピアノ 피아노
피아노

きっぷ 킵뿌
표

ペン 펭
펜

スポーツ 스뽀－쯔
스포츠

(4) 요음 _ 拗音ようおん

요음은 い를 제외한 い단(き, し, ち, に, ひ, み, り, ぎ, じ, ぢ, び, ぴ)의 오른쪽 밑에 や, ゆ, よ를 작게 붙여서 나타내며, 문자수로는 두 문자이지만 음절로는 한 음절(1 拍)임에 유의해야 한다.

きゃ	きゅ	きょ	ぎゃ	ぎゅ	ぎょ	しゃ	しゅ	しょ	じゃ	じゅ	じょ
[kya]	[kyu]	[kyo]	[gya]	[gyu]	[gyo]	[sya]	[syu]	[syo]	[dʒa]	[dʒu]	[dʒo]
ちゃ	ちゅ	ちょ	にゃ	にゅ	にょ	ひゃ	ひゅ	ひょ	びゃ	びゅ	びょ
[tʃa]	[tʃu]	[tʃo]	[nya]	[nyu]	[nyo]	[hya]	[hyu]	[hyo]	[bya]	[byu]	[byo]
ぴゃ	ぴゅ	ぴょ	みゃ	みゅ	みょ	りゃ	りゅ	りょ			
[pya]	[pyu]	[pyo]	[mya]	[myu]	[myo]	[rya]	[ryu]	[ryo]			

야뀨－
やきゅう ｜ 야구

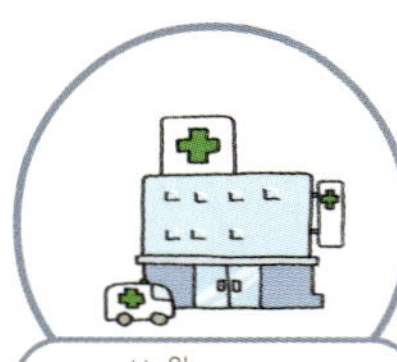

뵤－잉
びょういん ｜ 병원

오쨔
おちゃ ｜ 녹차

규－뉴－
ぎゅうにゅう ｜ 우유

쥬－스
ジュース ｜ 쥬스

지도－샤
じどうしゃ ｜ 자동차

콤뷰－따－
コンピューター ｜ 컴퓨터

료꼬－
りょこう ｜ 여행

(5) 촉음 _ 促音そくおん

た행의 つ(ツ)음을 작게 써서 っ(ッ)로 표기한다. 촉음은 다음에 오는 글자의 자음과 동일한 음인 [k], [s], [t], [p] 등으로 발음된다. 우리말의 받침에 해당하며 음의 길이는 다른 문자와 같이 한 박자의 길이에 해당한다.

■ か행 앞에서는 [k]

がっこう [gakko:] 학교

■ さ행 앞에서는 [s]

けっせき [kesseki] 결석

■ た행 앞에서는 [t]

きって [kitte] 우표

■ ぱ행 앞에서는 [p]

いっぱい [ippai] 한 잔

(6) 발음 _ 撥音はねるおん

ん(ン)으로 표기되는 음으로 다음에 오는 음의 영향에 의해 [m], [n], [ŋ], [N(비음)] 등으로 발음된다. 우리말의 받침처럼 발음되나 음의 길이는 다른 문자와 같이 한 박자의 길이를 갖는다.

■ [m]으로 발음되는 경우 … ま·ば·ぱ행 앞

せんもん [semmoN]　しんぶん [ʃimbuN]　えんぴつ [empitsu]

■ [n]으로 발음되는 경우 … た·だ·な·ら(さ·ざ)행 앞

うんどう [undo:]　おんな [onna]　べんり [benri]　せんせい [sense:]

■ [ŋ]으로 발음되는 경우 … か·が행 앞

ぶんか [buŋka]　でんき [deŋki]　りんご [riŋgo]

■ [N(비음)]으로 발음되는 경우 … 모음, 반모음, は행 앞, 말 끝

れんあい [reNai]　ほんや [hoNya]　でんわ [deNwa]　おかあさん [oka:saN]

(7) 장음 _ 長音ちょうおん

히라가나의 장음은 あ, い, う, え, お와 あ행으로 표기되며, 한 박자의 길이를 갖는다.

あ단 + あ

(예)　おか**あ**さん　おば**あ**さん

い단 + い

(예)　おじ**い**さん　おに**い**さん

う단 + う

(예)　く**う**き　ふ**う**ふ

え단 + え / え단 + い

(예)　おね**え**さん　せんせ**い**　とけ**い**

お단 + お / お단 + う

(예)　と**お**い　お**お**い　おと**う**と　いも**う**と

가타카나의 장음은 하이픈(ー)으로 표기하며, 가타카나의 표기는 주로 외래어, 외국의 인명・지명, 의성어・의태어, 전보문, 특별히 강조하고자 하는 경우에 사용한다.

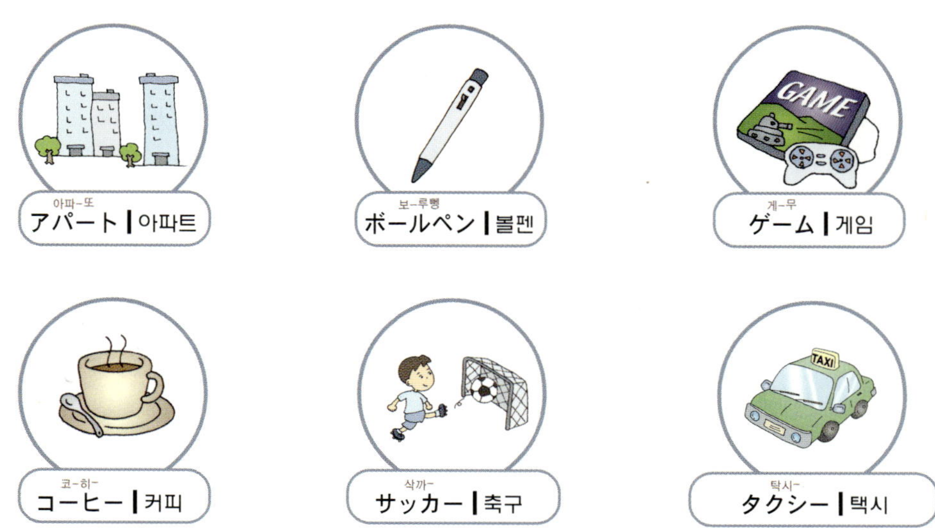

3. 조사 は・へ・を의 특별한 발음

は 보통 단어에서는 [ha]로 발음되지만, 조사로 쓰일 때는 [wa]로 발음된다.

これは 本^{ほん}です。 이것은 책입니다.
└─ [wa]

へ 보통 단어에서는 [he]로 발음되지만, 조사로 쓰일 때는 [e]로 발음된다.

どこへ 行^いきますか。 어디로 갑니까?
└─ [e]

を 발음은 [お]와 같지만, 목적격 조사로만 쓰인다.

本^{ほん}を 買^かいました。 책을 샀습니다.
└─ [o]

4. 모음의 무성화

다음과 같은 경우는 모음이지만 무성화가 된다.

■ [i], [u]가 무성음과 무성음 사이에 올 때

きかい [kikai]　　くさ [kusa]　　きし [kiʃi]

■ 무성음 다음에 오는 [i], [u]가 단어 끝이나 문말에 올 때

からす [karasu]　　あさひ [asahi]　　です [desu]　　ます [masu]

■ [a], [o]를 포함한 拍(か, は, こ, ほ)이 다음 拍에도 같은 모음이 올 경우

かかし [kakaʃi]　　こころ [kokoro]　　はか [haka]　　ほこり [hokori]

5. 기타

외래어를 가능한 한 원음에 가깝게 표기하기 위하여 ア, イ, エ, オ를 작게 써서 표기하기도 한다.

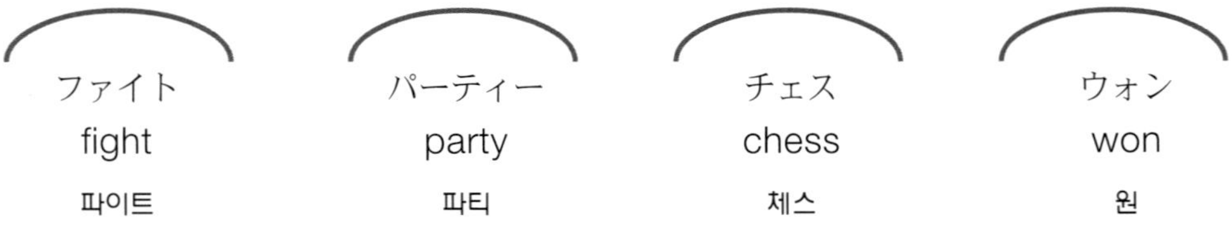

ファイト	パーティー	チェス	ウォン
fight	party	chess	won
파이트	파티	체스	원

웹 상에서의 일본어 사용

인터넷 일본어

인터넷을 이용해서 일본 웹사이트를 가 보면 글자가 깨지거나 혹은 일본에서 받은 편지가 깨져서 내용을 볼 수 없었던 경험이 있을 것이다. 인터넷을 활용하여 문자, 오디오, 동영상, 일본의 문화 등 일본어의 학습 목표에 도달하기 위해서는 인터넷 상에서의 일본어의 검색 능력이 필수적이다. 여기에서는 웹 상에서 일본어를 보고 쓸 수 있는 방법과 일본어로 메일을 주고받는 방법 등을 소개하고자 한다.

1. 일본어를 보고 쓰기 위한 필수 1단계

일본어를 보기 위한 프로그램 설치하기

(1) 먼저 익스플로러를 실행시킨 후, 시작 메뉴에서 Windows Update를 선택한다.

(2) 그러면, 윈도우즈 업데이트 사이트가 뜨게 되고 좌측 메뉴에서 〈제품 업데이트〉를 누르면 자신의 컴퓨터에 맞는 제품 업데이트 카탈로그가 생성이 된다.

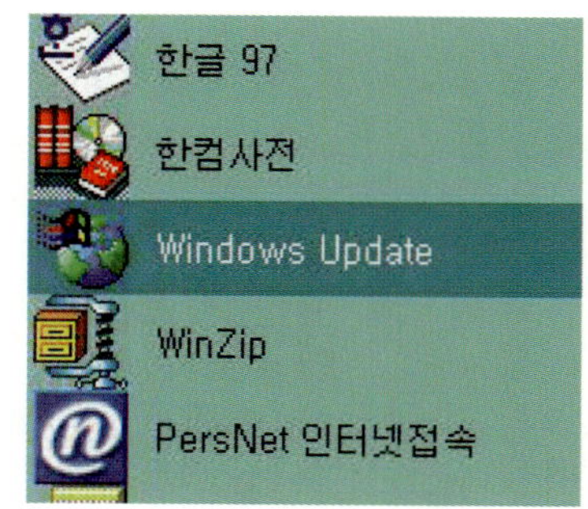

(3) 구성 요소 다운로드 페이지의 다국어 지원 요소에서 "□ 일본어"에 체크하고, [다운로드] 버튼을 누른다.

(4) 다운로드 점검표 페이지에 다운로드할 파일의 크기와 예상 시간이 나타나고, [다운로드 시작] 버튼을 누르면 잠시 후에 다운로드를 시작한다.

(5) Windows Update가 다운로드 및 설치 진행율을 보여 준다.

(6) 설치 완료 및 재시작 여부를 묻는 메세지가 나오면, [예(Y)] 버튼을 눌러 시스템을 재시작한다.

(7) 시스템이 재시작되면 익스플로러를 실행하여 [보기(V)] 메뉴의 [글꼴(N)] 종류를 확인해 보면, 일본어가 설치되었음을 확인할 수 있다. 만일, 이렇게 일본어 표시 지원키트를 설치하였는데도 일본어 페이지가 여전히 깨져서 보이면 다시 한 번 [인코딩]에서 일본어로 설정한다. 반대로, 지금까지 잘 보이던 한국어 페이지가 깨져서 보이면 그것도 [인코딩]에서 한국어로 언어를 바꾸고 코딩을 재설정한다.

(8) 만약 일본인 친구가 있어서 한국어를 보고 싶어한다면 위와 같은 경로로 해서 카탈로그가 생성되면 다국어 지원 요소에서 "□ 한국어"에 체크하고 다운로드하면 된다.

2. 일본어를 보고 쓰기 위한 필수 2단계

일본어를 쓰기 위한 프로그램 설치하기

우선 일본어를 쓰기 위해서는 입력기(IME)가 필요하다.

이 IME란, 키보드를 한 번 치면 영어 알파벳 하나의 글자가 그대로 입력되지만 한글은 두세 번을 쳐야 하나의 글자가 입력된다. 이렇게 키보드 입력을 받아서 문자를 만드는 프로그램을 IME (Input Method Editor)라고 한다.

한글 윈도우에는 한글 IME가 내장되어 있어서 한글을 입력할 수 있으나, 웹 상에서 일본어를 입력하려면 일본어 IME가 있어야 하는데, 다른 언어용 IME를 설치하거나 IME를 내장한 프로그램을 이용하여 일본어를 입력할 수 있다.

다국어 입력 시스템(Global IME)은 다국어를 입력할 수 있도록 지원하는 시스템으로 어디든지 설치가 가능하지만, 모든 프로그램에서 지원되지는 않는다.

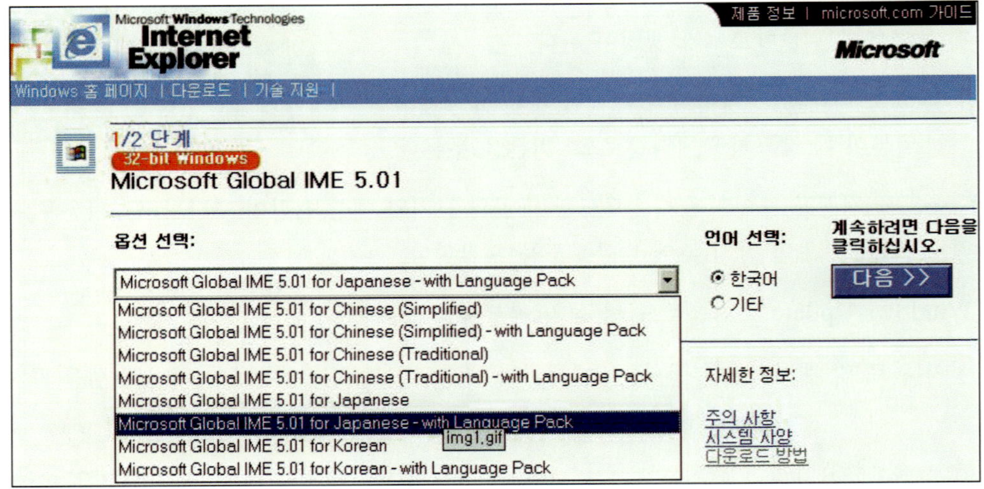

참고 워드 2000, 아웃룩 98, 아웃룩 2000, 인터넷 익스플로러 4.X 상위 버전에서 사용할 수 있다.

3. 일본어 입력기 사용법

일본어를 사용할 수 있는 2가지 프로그램을 설치하였다면 이제 일본어를 어떻게 입력하는지 그 방법을 알아본다. 기본적으로 일본어 입력은 로마자 입력이다.

(1) 우선 작업 표시줄 오른쪽을 보면 지구본 모양의 아이콘이 생긴다. 익스플로러를 실행한 후 일본어를 입력할 부분에 마우스 커서를 갖다 놓고 클릭한다. 그리고, 지구본 모양의 아이콘을 클릭한다.

(2) 일본어 IME를 선택한다.

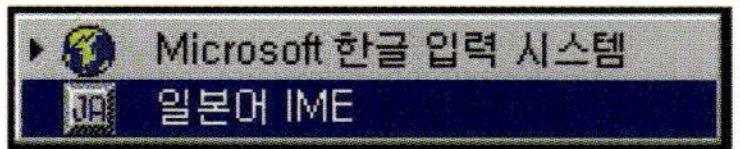

(3) 일본어 IME를 선택하면, 익스플로러 오른쪽에 아래의 그림과 같은 창이 생긴다.

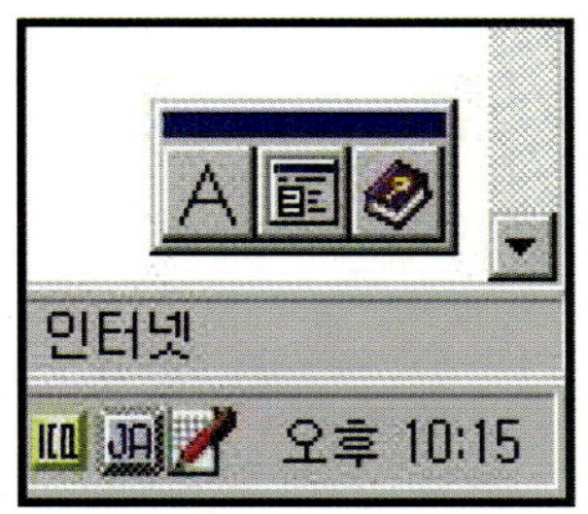

(4) 영어를 입력할 땐 IME창이 A라고 나타날 땐 입력한다. 일본어를 입력할 땐 A를 클릭한 후, 全角ひらがな를 선택하고 입력하면 된다.

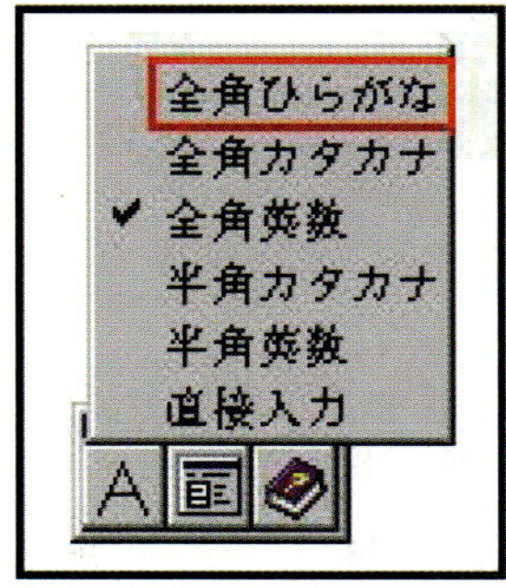

4. 아웃룩 익스프레스에서 일본어 메일 쓰기

(1) 오른쪽의 그림에서처럼 아웃룩 익스프
레스의 메뉴의 서식에서 인코딩→일본
어(JIS)를 선택한다. 일본어가 없으면
추가에서 "일본어(JIS)"를 선택한다.

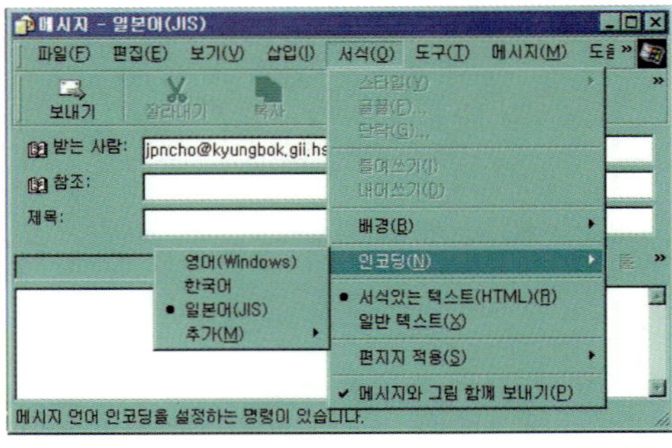

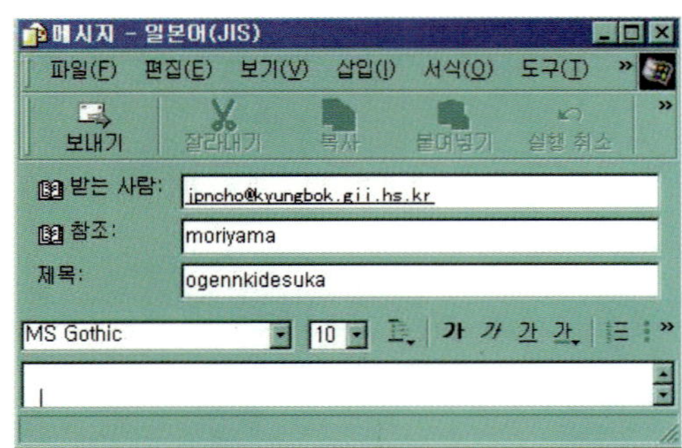

(2) 글꼴을 트루타입 폰트인 Ms Gothic으
로 바꾼 후 작성한다. 물론 입력하기
전에 일본어 입력 상태로 만들어 놓아
야 한다(3-(4) 참조). 편지의 제목에는
일본어 입력이 안되므로 영어로 쓰는
것이 좋다.

5. 한글 국제판 · 한글97(기능강화판) · 한글2002로 작성하여 첨부파일로 보내기

(1) 일본어나 영어로 편지를 작성한다.

(2) 저장을 한다.

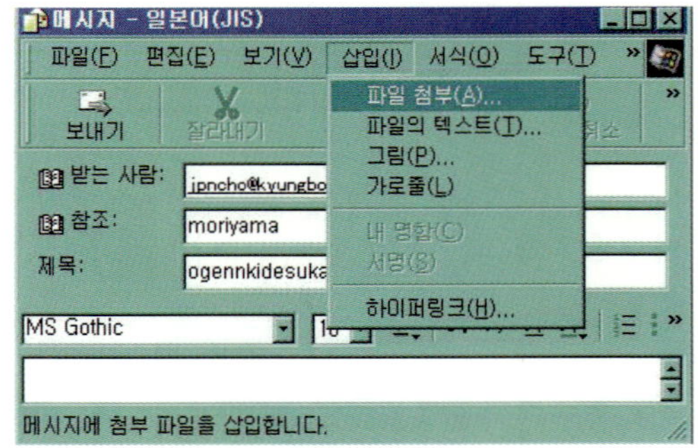

- 한글 국제판에서는 저장할 때 반드시
"텍스트SJIS(*.txt)"로 저장해야 한다.
만일, 한글문서(*.hwp)로 저장하면 한
글코드로 저장되기 때문에 일본에서 읽
어 볼 수가 없다.
- 한글97(기능강화판) · 한글2002에서
는 파일 형식을 "텍스트문서(*.txt)"
로 한 후에 바로 아래에 있는 코드 형식을 "일본SJIS"로 지정해서 저장해야 한다.

(3) 저장할 때의 파일 이름은 영어로 하는 것이 좋다. 한자나 히라가나로 했을 때는 한글
에서 불러볼 수가 없는 문제가 발생한다.

(4) 끝으로, 이 문서를 ⓐ아웃룩 익스프레스 ⓑ넷스케이프의 메신저를 이용하여 보낼 때
는 받는 사람의 E메일 주소를 입력한 후 "파일 첨부", "첨부 포함"을 클릭한 후에 저장
한 파일을 선택하여 "첨부 파일"로 보내면 된다.

6. 일본 사이트 검색을 위한 로마자와 かな 대응표

Global IME(다국어 입력 시스템)에서 사용하는 로마자와 かな의 대응은 다음과 같다.

あ행

あ	い	う	え	お		ぁ	ぃ	ぅ	ぇ	ぉ
a	i	u	e	o		la	li	lu	le	lo

か행

か	き	く	け	こ		きゃ	きぃ	きゅ	きぇ	きょ
ka	ki	ku	ke	ko		kya	kyi	kyu	kye	kyo

が	ぎ	ぐ	げ	ご		ぎゃ	ぎぃ	ぎゅ	ぎぇ	ぎょ
ga	gi	gu	ge	go		gya	gyi	gyu	gye	gyo

さ행

さ	し	す	せ	そ		しゃ	しぃ	しゅ	しぇ	しょ		ざ	じ	ず	ぜ	ぞ
sa	si	su	se	so		sya	syi	syu	sye	syo		za	zi	zu	ze	zo

た행

た	ち	つ	て	と		ちゃ	ちぃ	ちゅ	ちぇ	ちょ		だ	ぢ	づ	で	ど
ta	ti	tu	te	to		tya	tyi	tyu	tye	tyo		da	di	du	de	do

な행

な	に	ぬ	ね	の		にゃ	にぃ	にゅ	にぇ	にょ
na	ni	nu	ne	no		nya	nyi	nyu	nye	nyo

は행

は	ひ	ふ	へ	ほ		ひゃ	ひぃ	ひゅ	ひぇ	ひょ
ha	hi	hu	he	ho		hya	hyi	hyu	hye	hyo

ば	び	ぶ	べ	ぼ		びゃ	びぃ	びゅ	びぇ	びょ		ぱ	ぴ	ぷ	ぺ	ぽ
ba	bi	bu	be	bo		bya	byi	byu	bye	byo		pa	pi	pu	pe	po

ま행

ま	み	む	め	も		みゃ	みぃ	みゅ	みぇ	みょ
ma	mi	mu	me	mo		mya	myi	myu	mye	myo

や행

や		ゆ		よ		ゃ		ょ		ゅ
ya		yu		yo		lya		lyo		lyu

ら행

ら	り	る	れ	ろ		りゃ	りぃ	りゅ	りぇ	りょ
ra	ri	ru	re	ro		rya	ryi	ryu	rye	ryo

わ행

わ	うぃ	うぇ	を		ヴァ	ヴィ	ヴ	ヴェ	ヴォ		ヴャ	ヴィ	ヴゅ	ヴェ	ヴョ
wa	wi	we	wo		va	vi	vu	ve	vo		vya	vyi	vyu	vye	vyo

ん

ん
n nn n'

ⓒ n 이외의 자음의 연속도 가능.
itta ➡ いった

ん 자음의 앞만 n. 모음의 앞은 nn 또는 n´.
kanni ➡ かんい ／ kani ➡ かに

7. 아웃룩 익스프레스에서 일본어 메일 보기

다음은 일본어로 온 메일을 보는 방법이다. 아웃룩 익스프레스에서 받은 편지를 열었는데 깨져 있을 경우에는 다음과 같은 순서를 따른다.

(1) 메뉴의 보기에서 [인코딩] → [일본어(자동읽기)]를 선택한다.

(2) 인코딩을 일본어 자동읽기로 선택하면 일본에서 온 메일을 정상적으로 받아볼 수 있다.

일본어 메일 사용상 주의점

● 일본어 메일을 자주 주고 받을 경우에는 일본어 환경을 구축하고 따로 아이디와 전용 메일 프로그램을 사용하여 일본어 입력기(IME) 프로그램을 이용하여 보내는 것이 편리하다.

● 일본에서 한국으로 보낼 때 상대방이 넷스케이프의 메신저를 이용할 경우 반드시 일본어 코드 설정을 확인시켜 주어야 한다.

● 한글 코드로 잘못 저장된 일본어 메일은 복구하기가 거의 불가능하니 주의하세요.

▎인터넷 무료 E-mail 서비스 사이트 ▎

한메일	http://www.daum.net
한미르	http://www.hanmir.com
야후 메일	http://kr.yahoo.com
신비로	http://www.shinbiro.com
Hot Mail	http://www.hotmail.com
네띠앙	http://www.netian.net
드림위즈	http://www.dreamwiz.com
인터피아98	http://www.interpia98.net
오르지오 메일	http://www.orgio.net
이리온 메일	http://www.irion.co.kr
깨비 메일	http://www.kebi.com
드림라인	http://www.dreamx.net

8. 한글(한글 97 기능강화판 · 한글 2002)에서 일본어 쓰기

(1) 한글을 설치한다.

(2) 우선 한글 입력모드에서 일본어 입력모드로 변환시키려면 오른쪽 Shift를 누른 채로 Space바를 누르면 〈한글 2벌식〉이 〈일본어 Korea〉로 입력모드가 전환된다. (일본어 입력모드에서 다시 한글 입력모드로 전환하려면 Shift + space 키를 동시에 누른다.)

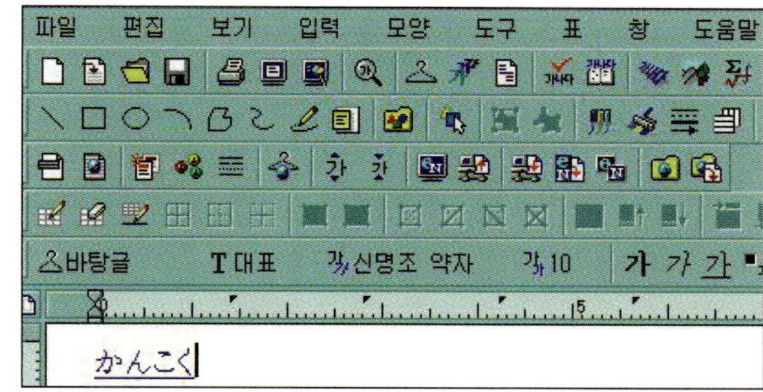

(3) 이렇게 일본어 입력모드로 전환이 되었으면 이제 韓国(kannkoku)를 일본어로 입력해 보도록 한다. 로마자로 kannkoku를 치면 かんこく가 입력되고 아래의 그림처럼 밑줄이 그어진 상태가 됩니다.

(4) 이 상태에서 스페이스바를 한번씩 누르면 누를 때마다 발음이 かんこく인 여러 가지 단어들이 하나씩 나타납니다. 그 중에서 〈韓国〉의 상태가 되면 엔터를 칩니다.

(5) 한 예로 '오늘은 날씨가 좋습니다.'를 쳐 본다. 한 단어씩 단어를 한자로 변환시키지 말고 한 문장을 계속 치도록 한다.
"kyouha tennkigaiidesu"

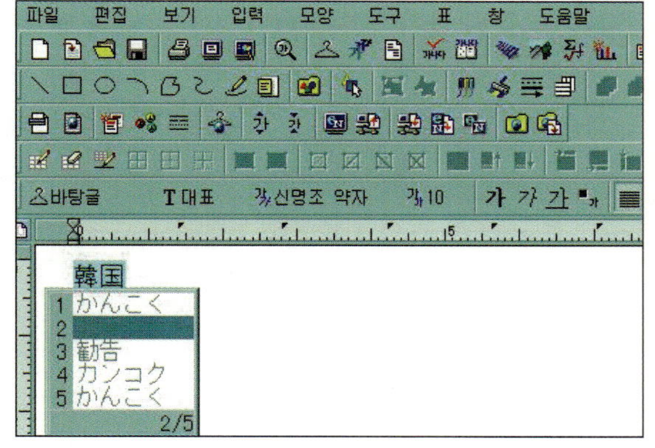

(6) 그리고 나서 스페이스바를 누르면 문장 전체가 변환이 된다.
(스페이스바를 눌러도 되고, 아니면 문장이 끝났을 경우 마침표(.)를 누르면 문장이 끝난 것으로 인식하고 자동적으로 문장이 전환된다.)

(7) 문서 작성을 마친 후 〈새 이름으로〉저장을 한다.

(8) 그리고 파일 형식을 [텍스트 문서(*.txt)]로 선택한다.

(9) 코드 형식은 [일본(SJIS)]을 선택하고 [저장하기] 버튼을 누르면 된다.

(10) 이렇게 저장시킨 문서를 일본인에게 E-메일로 첨부시켜 보내면 확실하게 일본어 문서를 받아볼 수가 있다.

9. 윈도우 2000 에서 일본어 시스템으로 바꾸기

윈도우 2000에서 일본어를 입력하기 위한 방법은 윈도우 98하고는 다르다.

(1) 윈도우 2000의 제어판에서 〈국가별 옵션〉을 선택하여 더블 클릭한다.

(2) 국가별 옵션의 〈시스템 언어 설정(L)〉에서 〈일본어〉를 선택한다.

(3) 그러면 윈도우 2000 CD를 넣으라는 메시지가 나오므로 CD를 넣고 일본어 시스템을 설치한다.

(4) 일본어 시스템이 설치되고 나면 다시 〈국가별 옵션〉으로 가서 〈입력 로케일〉창에서 [추가]버튼을 누른다.

(5) 〈입력 로케일 추가〉에서 〈입력 로케일〉을 〈일본어〉로 선택하면 자동적으로 밑에 〈자판 배열〉이 선택된다. 이때 [확인] 버튼을 누르면 일본어IME가 설치된다.

(6) 컴퓨터를 재시작하고 나면 모니터 오른쪽 아랫 부분에 지구본 모양의 아이콘이 생기는 데 마찬가지로 일본어 입력법대로 일본어를 쓸 수 있다.

> 지금까지는 일본어를 쓸 수 있도록 다국어 지원 시스템을 설치한 것이다.
> 이제 시스템을 일본어 시스템으로 바꾸는 작업을 알아보려고 한다. 시스템을 일본어로 바꾸게 되면 일본어를 사용하기 편리해질 뿐만 아니라 일본인과의 웹 채팅도 가능하다. 물론 프로그램을 다운받아 채팅하는 경우는 일본어 시스템으로 바꾸지 않아도 가능한 곳이 있다.

(7) 다시 〈국가별 옵션〉으로 가서 〈사용자 로케일〉을 일본어로 바꾼다.

(8) 그리고 왼쪽 아래 부분에 있는 〈기본값 설정〉을 클릭해서 기본값을 일본어로 설정하고 [확인] 버튼을 누른다.

(9) 그러면 재시작하겠다는 메시지가 뜨고 재시작이 완료되고 나면 뭔가 변한 것을 느낄 수 있을 것이다. 왼쪽의 시작 부분을 클릭하면 글자들이 깨져 있는 것을 볼 수 있는데 이것이 바로 이젠 한국어 시스템이 아니라 일본어 시스템이 되었다는 것을 의미한다.

(10) 다시 한국어 시스템으로 변환시키고 싶으면, 처음에 했던 〈제어판〉을 클릭하고, 〈국가별 옵션〉을 클릭해서, 사용자 로케일과 기본값이 일본어였던 것을 한국어로 다시 바꾸고 [확인] 버튼을 누르면, 다시 부팅되면서 한국어 시스템으로 되돌아오게 된다.

1 はじめまして

처음 뵙겠습니다

인사표현과 처음 만난 사람에게 자기를 소개하는 표현, 그리고 안부를 묻는 표현을 익혀 봅시다. 그리고, 친구를 소개하는 표현과 부탁하는 표현도 함께 익혀 봅시다.

학 습 목 표

● **기본 인사**
- ・おはようございます。 안녕하세요.(아침)
- ・こんにちは。 안녕하세요.(낮)
- ・こんばんは。 안녕하세요.(저녁)

● **자기 소개**
- ・やまだと もうします。 야마다라고 합니다.
- ・どうぞ よろしく おねがいします。 잘 부탁드립니다.

● **안부 묻기**
- ・おげんきですか。 건강하세요?(잘 지내셨어요?)
- ・おかげさまで げんきです。 덕분에 건강합니다.

● **친구 소개**
- ・こちらは ともだちの もりさんです。 이쪽은 친구인 모리씨입니다.

단어 익히기

다음 단어를 잘 듣고, 따라서 읽어 봅시다.

ここ	여기	元気だ	건강하다
~です	~입니다	はい	예
やあ	야 (감탄사)	おかげさまで	덕분에
~さん	~님, 씨, 양	こちら	이쪽
こんにちは	(낮 인사) 안녕하세요	友だち	친구
		あ	아(감탄사)
ひさしぶり	오래간만	そうですか	그렇습니까?

はじめまして	처음 뵙겠습니다
どうぞ	부디
よろしく	잘
おねがいします	부탁합니다
こちらこそ	저야말로

다음 빈칸에 일본어나 우리말을 써 봅시다

こんにちは			여기
はじめまして			친구
おかげさまで			이쪽
こちらこそ			예
どうぞ よろしく			모리씨
おねがいします			
そうですか			
おげんきですか			

やまだ　パクさん、ここです。

パク　　やあ、やまださん。こんにちは。

　　　　ひさしぶりですね。　お元気ですか。

やまだ　はい、おかげさまで。

　　　　こちらは 友だちの もりさんです。

パク　　あ、そうですか。はじめまして。　パクです。

　　　　どうぞ よろしく おねがいします。

もり　　はじめまして。もりです。

　　　　こちらこそ よろしく おねがいします。

1 처음 뵙겠습니다

야마다 : 박민수 씨, 여기입니다.
박민수 : 아, 야마다 씨, 안녕하세요.
　　　　오래간만이군요. 잘 지내셨어요?
야마다 : 예, 덕분에 건강합니다.
　　　　이쪽은 친구인 모리 씨입니다.
박민수 : 아, 그렇습니까? 처음 뵙겠습니다. 박민수입니다.
　　　　잘 부탁합니다.
모　리 : 처음 뵙겠습니다. 모리입니다.
　　　　저야말로 잘 부탁합니다.

본문 헤쳐보기

はじめまして 처음 뵙겠습니다

やまだ　パクさん、ここです。
야마다　박민수 씨,　여기입니다.

パク　　やあ、やまださん。こんにちは。
박민수　아,　야마다 씨.　　안녕하세요.

　　　　　ひさしぶりですね。　お元気ですか。
　　　　　오래간만이군요.　　　　잘 지내셨어요?

やまだ　はい、おかげさまで。
야마다　예,　덕분에 건강합니다.

---

1. ～さん **씨, 님, 양**

성(姓)에 붙여서 가벼운 경의를 나타내는 접미어이다. 우리말은 '성+이름'에 '씨'를 붙여 부르지만, 일본에서는 보통 성에 さん을 붙여서 부른다. 또 다른 사람을 지칭할 때는 さん을 써서 높이지만, 자기 이름을 말할 때는 さん을 붙여서는 안되며 그냥 성 또는 이름만을 말해야 한다.

2. ここです。 **여기입니다.**

ここ는 장소를 나타내는 지시사로 '여기'라는 뜻이다. です는 '～입니다'라는 뜻으로, 명사나 형용사나 지시사 뒤에 붙어서 정중한 뜻을 나타낸다.

3. こんにちは。 **안녕하세요.**

こんにちは의 は는 [wa]로 발음한다. 일본어는 아침, 낮, 저녁으로 나누는 인사말이 다르다. 아침에는 おはようございます를, 낮부터 어두워지기 전까지는 こんにちは를, 어두워지면 こんばんは를 사용한다. 친한 사이에서는 おはよう(안녕)라고 줄여서 쓴다.

4. ひさしぶりですね。 **오래간만이군요.**

오래간만에 대화할 때 사용하는 인사말이다. 직접 만났을 때뿐만 아니라 전화, 편지 등에서도 사용한다. 손윗사람에게는 おひさしぶりですね 또는 ごぶさたして います라고 한다.

こちらは 友だちの もりさんです。
이쪽은　　친구인　　모리 씨입니다.

パク　　あ、そうですか。はじめまして。　パクです。
박민수　아, 그렇습니까?　처음 뵙겠습니다.　박민수입니다.

どうぞ よろしく おねがいします。
　　　잘　　　　　부탁합니다.

もり　　はじめまして。もりです。
모리　　처음 뵙겠습니다.　모리입니다.

こちらこそ よろしく おねがいします。
저야말로　　잘　　　　　부탁합니다.

5. お元気ですか。　**잘 지내셨어요? 안녕하셨어요?**

오래간만에 대화하는 사람에 대해 안부를 물을 때 사용하는 인사말이다.
보통 ひさしぶりです와 함께 사용한다.

6. おかげさまで。　**덕분에요.**

안부를 물을 때 대답하는 인사말로, 뒤에 元気です(건강합니다)가 생략되어 있다.

7. はじめまして。　**처음 뵙겠습니다.**

처음 만난 사람에게 하는 인사말이다.

8. どうぞ よろしく おねがいします。　**잘 부탁합니다.**

회화체에서는 おねがいします를 생략하고 どうぞ よろしく라고도 한다.
또한, 손아랫사람에게는 よろしく라고만 하기도 한다.

알아두기

1. 장소를 나타내는 지시사

| ここ 여기 | そこ 거기 | あそこ 저기 | どこ 어디 |

ここ、そこ、あそこは 장소를 나타내는 지시사이며, どこ는 어딘지 모르는 장소에 대해 물을 때 사용한다.

2. 방향을 나타내는 지시사

| こちら 이쪽 | そちら 그쪽 | あちら 저쪽 | どちら 어느쪽 |

こちら、そちら、あちら는 방향을 나타내는 지시사이며, どちら는 어느 쪽인지 모르는 곳을 물을 때 사용한다. 또한, こちら는 사람을 소개할 때 '이 분'의 의미로 사용하기도 한다.

3. ~です。 ~ 입니다.

명사·형용사에 붙어서 정중한 표현을 나타낸다.

예) わたしは パクミンスです。 나는 박민수입니다.

こちらは 先生(せんせい)です。 이 분은 선생님입니다.

わたしは こうこう 1(いち)ねんです。 나는 고등학교 1학년입니다.

きょうしつは しずかです。 교실은 조용합니다.

4. 헤어질 때 하는 인사말

예) さようなら。 안녕히 가세요, 안녕히 계세요.

じゃ、また。 그럼, 또 (만나요)

お気(き)を つけて。 조심해서 돌아가세요.

しつれいします。 실례하겠습니다.

じゃあね。 잘 가.

また、あした。 내일 또 (뵙죠).

バイバイ。 바이바이

5. 자기 전에 하는 인사말

예 おやすみなさい。 안녕히 주무세요.

おやすみ。 잘 자.

6. 안부를 물을 때 하는 인사말

예 お元気ですか。 안녕하십니까? · 건강하십니까?

はい、おかげさまで。 예, 덕분에.

お変わり ありませんか。 별일 없으십니까?

7. 자기 소개

예 ハンガン大学の パクです。 한강대학의 박(민수)입니다.

わたし、韓国の イーと 申します。 저, 한국의 이(미라)라고 합니다.

8. 타인 소개

예 田中さん、友だちの パクさんです。 다나카씨, 친구인 박(민수)씨입니다.

こちらは 日本の はやしさんです。 이쪽은 일본의 하야시씨입니다.

この かたは 韓国の イーさんです。 이 분은 한국의 이(미라)씨입니다.

문제 풀기

1. 대화를 잘 듣고 질문에 답해 봅시다. 

(1) 이민호 씨는 누구의 친구입니까?
　① 사토　　　　② 와타나베　　　③ 다카하시　　　④ 스즈키

(2) 두 사람이 만난 것은 언제입니까?
　① 아침　　　　② 낮　　　　③ 저녁　　　　④ 밤

(3) 이민호 씨의 직업은 무엇입니까?
　① 교사　　　　② 군인　　　　③ 은행원　　　　④ 회사원

2. 다음 그림을 보고 보기와 같이 말해 봅시다.

보기

はじめまして。 やまだ です。
日本語の 教師 です。
どうぞ よろしく おねがいします。

やまだ ｜ 日本語の 教師

①  パクミンス ｜ 銀行員

はじめまして。　　　　　　 です。
　　　　　　　　 です。
どうぞ よろしく おねがいします。

②  もり ｜ 会社員

はじめまして。　　　　　　 です。
　　　　　　　　 です。
どうぞ よろしく おねがいします。

③  イミラ ｜ 韓国人

はじめまして。　　　　　　 です。
　　　　　　　　 です。
どうぞ よろしく おねがいします。

④ たなか ｜ 学生

はじめまして。　　　　　　 です。
　　　　　　　　 です。
どうぞ よろしく おねがいします。

정리하기

1. 혼동하기 쉬운 히라가나를 예와 같이 써 봅시다.

예				
あ	[a]	あ	あ	あ
お	[o]	お	お	お

い			
こ			
ち			
さ			
い			
り			
き			
さ			

る			
ろ			
う			
ら			
め			
ぬ			
わ			
れ			
れ			
ね			

2. 다음 표현의 빈칸을 채워 봅시다.

❶ おは　うご　います

❷ おげ　きで　か

❸ はじ　まし　

❹ こん　ち　

❺ お　げ　まで

❻ どう　よ　しくお　がいし　す

일본문화 알기

일본(日本)이라는 국명의 유래

일본을 지칭하는 말로는 예부터 오야시마(おおやしま), 아키쓰시마(秋津島), 아시하라 나카쓰쿠니(葦原中国), 야마토(大和) 등으로 불리웠다. 우리나라와 중국에서는 日本을 왜(倭)라고 불렀다. 日本으로 정해진 것은 701년에 제정된 大宝律令(たいほうりつりょう)이라는 일본 최고의 성문법에 의한 것이었다. 그 당시에는 日本이라고 쓰고 야마토(大和) 또는 히노모토(ひのもと)라고 읽었으나 그 후에는 니호므(にほむ)라고 발음하게 되었으며, 14세기 후부터는 오늘날과 같은 にほん으로 읽히게 되었다. 현재는 にほん・にっぽん 어느 쪽이든 상관없이 쓰여지고 있으나, 1934년에는 にっぽん으로 통일된 적도 있었다. 또한, 영어의 JAPAN이라는 명칭은 마르코폴로의 동방견문록에 실려 있는 지판구(ジパング : 황금의 나라)에서부터 유래되었다.

2

おたんじょうび おめでとうございます

생일 축하합니다

생일을 축하하며 선물을 권할 때의 표현과 선물을 받을 때의 감사의 인사 표현을 익혀 봅시다. 그리고, 음식을 먹을 때의 언어 예절도 익혀 봅시다.

학 습 목 표

● **축하**
- おたんじょうび おめでとうございます。생일 축하합니다.

● **감사**
- ありがとうございます。감사합니다.

● **선물**
- これ、プレゼントです。どうぞ。이거, 선물입니다. 받으세요.

● **권유**
- お茶を どうぞ。녹차 드세요.
- はい、いただきます。네, 잘 먹겠습니다(마시겠습니다).

단어 익히기

다음 단어를 잘 듣고, 따라서 읽어 봅시다.

たんじょうび	생일	～ね	～ 군요	日本（にほん）	일본
これ	이것	どうも	대단히	ハンカチ	손수건
プレゼント	선물	～も	～ 도	かわいい	예쁘다, 귀엽다
わあ	와	何（なん）	무엇	お茶（ちゃ）	녹차
きれいだ	예쁘다	～ですか	～ 입니까?	～を	～ 을(를)

● **다음 빈칸에 일본어나 우리말을 써 봅시다** ●

たんじょうび			대단히
プレゼント			이것
きれいだ			녹차
ハンカチ			무엇
かわいい			일본

もり　　イーさん、おたんじょうび おめでとうございます。

これ、プレゼントです。どうぞ。

イー　　わあ、きれいですね。どうも ありがとう。

やまだ　イーさん、これも どうぞ。

イー　　はい、ありがとうございます。これは 何ですか。

やまだ　ハンカチです。

イー　　かわいい ハンカチですね。

イー　　お茶を どうぞ。

やまだ・もり　はい、ありがとうございます。

いただきます。

2 생일 축하합니다

모　리 : 이미라 씨, 생일 축하합니다.
　　　　이거, 선물입니다. 받으세요.
이미라 : 와, 예쁜군요. 정말 고마워요.
야마다 : 이미라 씨, 이것도 받으세요.
이미라 : 예, 고맙습니다. 이것은 무엇입니까?
야마다 : 손수건입니다.
이미라 : 예쁜 손수건이군요.
　　　*　　　　　*　　　　　*
이미라 : 차를 드십시오
야마다 · 모리 : 예, 감사합니다. 잘 마시겠습니다.

본문 헤쳐 보기 

おたんじょうび おめでとうございます 생일 축하합니다

もり	イーさん、おたんじょうび おめでとうございます。
모리	이미라 씨, 생일　　　　　　 축하합니다.
	これ、プレゼントです。どうぞ。
	이거, 선물입니다.　　　 받으세요.
イー	わあ、きれいですね。どうも ありがとう。
이미라	와,　 예쁘군요.　　　 정말　 고마워요.
やまだ	イーさん、これも どうぞ。
야마다	이미라 씨, 이것도 받으세요.
イー	はい、ありがとうございます。これは 何ですか。
이미라	예,　 고맙습니다.　　　　　 이것은　 무엇입니까?

1. おたんじょうび おめでとうございます。 생일 축하합니다.

상대편의 생일을 축하할 때는 たんじょうび(생일) 앞에 접두어 お를 붙여서 おたんじょうび (생일, 생신)
라고 표현한다. おめでとうございます(축하합니다)는 생일, 졸업, 결혼 등을 축하할 때 쓰는 인사말이며,
친구 사이나 손아랫사람에게는 おめでとう(축하해, 축하한다)라고 한다.

2. これ、プレゼントです。どうぞ。 이거, 선물입니다. 받으세요.

선물을 줄 때는 ～です。どうぞ의 표현을 사용하며, これ、つまらないものですが、どうぞ。(이거, 별거 아
닙니다만, 받으세요)라는 표현도 자주 쓰인다. プレゼント는 생일이나 축하할 때 주는 선물이며, 남의 집
을 방문할 때나 여행지에서 돌아올 때 사오는 선물은 おみやげ라고 한다.

3. わあ、きれいですね。 와, 예쁘군요.

わあ(와)는 감탄사이며, きれいだ(예쁘다), きれいです(예쁩니다), きれいですね(예쁘군요)는 칭찬할 때
쓰이며, ～ですね(～이군요)는 감탄이나 동의를 구할 때 쓰인다.

4. どうも ありがとう。 정말 고마워요.

감사 표현은 주로 ありがとうございます(고맙습니다)가 쓰이며, 강조해서 표현할 때는 どうも(대단히, 정

やまだ　ハンカチです。
야마다　손수건입니다.

イー　かわいい ハンカチですね。
이미라　예쁜　손수건이군요.

*　　　　　*　　　　　*　　　　　*

イー　お茶を どうぞ。
이미라　차를　드십시오

やまだ・もり　はい、ありがとうございます。
야마다 · 모리　예，　감사합니다.

いただきます。
잘 먹겠습니다.

말)를 앞에 붙여서 どうも ありがとうございます(대단히 고맙습니다)라고 한다. 또한, 가장 간단하게 감사의 표현을 할 때에는 どうも(감사합니다)라고도 한다. 보통 친분이 있는 경우에는 ありがとう 또는 どうも ありがとう라고만 하기도 한다.

5. お茶　녹차

お茶는 '녹차'를 말한다. 우리말의 '차'는 여러 가지 마실 것의 종류를 뜻하기도 하는데, 일본어의 お茶는 다른 뜻으로는 쓰이지 않고 '녹차'라는 의미로만 쓰인다.

6. どうぞ。 드세요.

どうぞ는 상대방에게 뭔가를 권할 때 쓰는 표현으로, 문맥에 따라 '드세요, 받으세요, 하세요' 등의 의미로 쓰인다.

7. はい、いただきます。 예, 잘 먹겠습니다.

음식을 먹을 때는 언제나 いただきます(잘 먹겠습니다)라는 표현을 사용한다. 또한, 음식을 다 먹고 나서도 언제나 ごちそうさまでした(잘 먹었습니다) 또는 줄여서 ごちそうさま(잘 먹었습니다)라는 표현을 사용한다.

8. わあ와 えっ

2가지 모두 감탄사로, わあ의 경우는 남녀 모두 쓰는 감탄사이지만 여자가 쓰면 다소 남성적인 느낌이 드는 말이다. えっ은 의외의 경우를 당했을 때 쓰는 감탄사로 가벼운 놀라움을 나타낸다.

9. ～は ～은, ～는

주격 조사로 우리말의 '～은, ～는'에 해당한다. は가 조사로 쓰일 때는 [wa]로 발음한다.

> **예)** わたしは がくせいです。 나는 학생입니다.
>
> これは なんですか。 이것은 무엇입니까?

10. ～も ～도

우리말의 '～도'의 의미로, 같은 내용의 것이 더 있다는 것을 나타낸다.

> **예)** サッカーも すきです。 축구도 좋아합니다.

1. これ・それ・あれ・どれ 이것・그것・저것・어느 것

말하는 사람에게서 가까운 것을 가리킬 때는 これ, 상대방에 가까운 것을 가리킬 때는 それ, 말하는 사람과 듣는 사람 양쪽으로부터 멀리 떨어져 있는 것을 가리킬 때는 あれ를 쓴다. どれ는 확실치 않은 것을 가리킬 때 쓴다.

예 A : これは なんですか。 이것은 무엇입니까?
B : それは ハンカチです。 그것은 손수건입니다.

A : それは なんですか。 그것은 무엇입니까?
B : これは ばらの はなです。 이것은 장미꽃입니다.

A : あれは なんですか。 저것은 무엇입니까?
B : あれは ねこです。 저것은 고양이입니다.

A : パクさんの かばんは どれですか。 박민수씨의 가방은 어느 것입니까?
B : これです。 이것입니다.

2. 접두어 お와 ご

⑴ 일본어에서는 존경의 접두어로 お와 ご가 있는데, 상대방의 소유물이나 관계되는 명사, 형용사 앞에 붙인다. 고유어에는 お가 많이 쓰이고 한자어에는 ご를 많이 쓰나 예외가 많다.
본문의 おたんじょうび는 상대방의 생일이므로 お를 붙여 쓴 것이다.

예

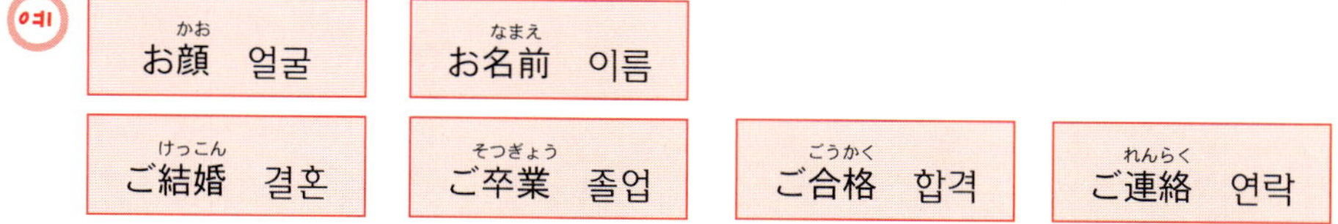

お顔 얼굴	お名前 이름		
ご結婚 결혼	ご卒業 졸업	ご合格 합격	ご連絡 연락

⑵ 그 이외에 단순히 말의 품위를 높이기 위하여 습관적으로 お를 붙이는 경우가 있다. 이런 것을 '미화어(美化語)'라고 하며, 말하는 사람의 교양을 나타내기 위해 쓴다.

예

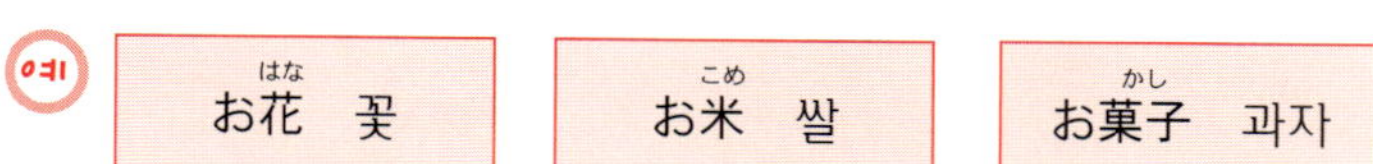

お花 꽃	お米 쌀	お菓子 과자

문제 풀기

1. 대화를 잘 듣고 질문에 답해 봅시다.

   (1) 대화의 내용으로 알맞은 것은 무엇입니까?
   ① 졸업 축하　　② 새해 축하　　③ 생일 축하　　④ 결혼 축하

   (2) 선물한 내용으로 알맞은 것은 무엇입니까?
   ① 손수건　　　② 백합 꽃　　③ 지갑　　　④ 넥타이

   (3) 축하받은 사람은 누구입니까?
   ① イーさん　　② パクさん　　③ もりさん　　④ やまださん

2. 다음 그림을 보고 보기와 같이 말해 봅시다. 

보기

A : おたんじょうび おめでとうございます。
B : どうも ありがとうございます。

❶

A :　　　　　　　　おめでとうございます。
B : どうも ありがとうございます。

❷

A :　　　　　　　　おめでとうございます。
B : どうも ありがとうございます。

❸

A :　　　　　　　　おめでとうございます。
B : どうも ありがとうございます。

❹

A :　　　　　　　　おめでとうございます。
B : どうも ありがとうございます。

1. 다음 빈칸에 알맞은 말을 히라가나로 써 봅시다.

A : 　　　　　　　　　　　。

B : はい、ありがとうございます。
　　　　　　　　　　　　　　。

A : 　　　　　　　　　　　。

B : はい、ありがとうございます。
　　　　　　　　　　　　　　。

A : 　　　　　　　　　　　。

B : はい、ありがとうございます。
　　　　　　　　　　　　　　。

A : 　　　　　　　　　　　。

B : はい、ありがとうございます。
　　　　　　　　　　　　　　。

2. 다음 빈칸에 알맞은 말을 히라가나로 써 봅시다.

① 이거, 넥타이입니다. 받으세요. ⇨ これ、　　　　　　　　です。どうぞ。

② 이거, 손수건입니다. 받으세요. ⇨ これ、　　　　　　　　です。どうぞ。

③ 이거, 장미꽃입니다. 받으세요. ⇨ これ、　　　　　　　　です。どうぞ。

④ 이거, 선물입니다. 받으세요. ⇨ これ、　　　　　　　　です。どうぞ。

일본문화 알기

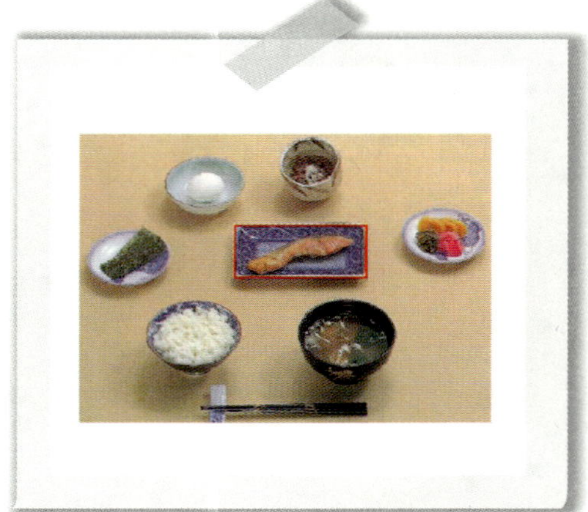

한·일 생활 습관의 차이

1 일본의 식탁에는 젓가락만은 가로로 두지만 한국은 숟가락과 젓가락을 세로로 놓는다. 그리고 일본에서는 밥그릇을 왼손으로 들고 밥을 먹지만 우리나라의 경우는 밥그릇이든 국그릇이든 모두 손에 들면 예의에 어긋난다. 반대로 일본에서는 밥그릇을 손에 들고 먹지 않으면 안된다. 조미료는 우리나라에서는 고추장, 고춧가루, 소금이 대표적이지만, 일본에서는 간장과 설탕이 대표적이다. 그래서, 우리나라의 음식이 맵고 다소 짠 반면에 일본의 음식은 단 편이다.

2 집안으로 들어설 때, 우리나라는 신발 끝을 집안을 향하게 하여 들어가는 것이 보통이지만 일본인들은 신발 끝을 바깥쪽을 향하게 하고 들어간다. 방안에서 앉을 때는 일본인들은 무릎을 꿇고 앉는 정좌(正座, せいざ)의 형태가 많다.

3 우리나라에서는 연장자 앞에서는 담배를 피우지 않는 것이 보통이나, 일본에서는 양해를 구한 다음에 피운다. 연장자 앞에서 술을 마시는 경우에도 우리나라에서는 고개를 돌려 마시는 것이 예의이지만 일본에서는 그러한 습관이 없다. 우리나라는 함께 직장 동료들과 식사를 할 때에도 어느 한 사람이 혼자 내는 것을 볼 수 있는데, 일본인의 경우는 대부분 각자가 내는 와리캉(わりかん)이 습관화되어 있다. 애인 사이에서도 각자가 내는 것이 보통이다. 그러나 요즘, 우리나라도 젊은층 사이에서는 각자 지불하는 '더치페이'가 유행하고 있다.

3 サッカーが すきですか

축구를 좋아합니까?

축구 경기를 관람하며 축구를 좋아하는지를 묻고 대답하는 표현을 익혀 봅시다.
또한, 비교하는 표현과 능숙한지를 묻고 대답하는 표현도 익혀 봅시다.

학 습 목 표

● **좋고 싫음**
- サッカーが すきですか。 축구를 좋아합니까?
- テニスは あまり すきでは ありません。 테니스는 그다지 좋아하지 않습니다.

● **비교**
- 日本より 韓国が つよいです。 일본보다 한국이 강합니다.
- ソウルより 東京が あついです。 서울보다 도쿄가 덥습니다.

● **능숙한 정도**
- パクさんは テニスが 上手です。 박민수 씨는 테니스를 잘 칩니다.
- サッカーは あまり 上手では ありません。 축구는 별로 잘하지 못합니다.

단어 익히기

다음 단어를 잘 듣고, 따라서 읽어 봅시다.

今日(きょう)	오늘	どう	어떻게	～よ	～요
～は	～은, ～는	ええ	예	よく	자주
サッカー	축구	この	이	する	하다
ゲーム	게임	ごろ	무렵, 경	ときどき	가끔
～が	～이, ～가(조사)	つよい	강하다	あまり	그다지, 별로
ある	있다	そう	그렇게	上手(じょうず)だ	능숙하다
～が すきだ	～을(를) 좋아하다	～より	～보다	～では ありません	～지 않습니다
だいすきだ	아주 좋아하다	～が	～이지만(접속조사)	～く ありません	～지 않습니다

다음 빈칸에 일본어나 우리말을 써 봅시다

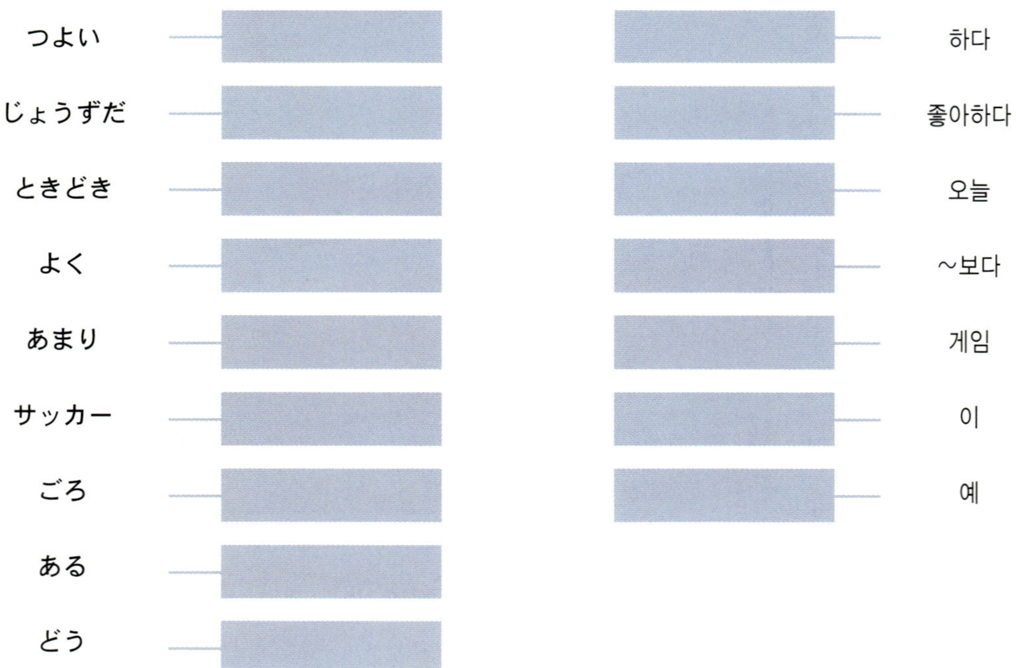

パク　今日は サッカー ゲームが ありますね。

やまださんは サッカーが すきですか。

やまだ　はい、だいすきですが、パクさんは どうですか。

パク　ええ、わたしも 好きです。

このごろ 日本の サッカーは つよいですね。

やまだ　あ、そうですか。でも、韓国の サッカーよりは

つよく ありませんよ。

パク　やまださんは サッカーを よく しますか。

やまだ　ときどき しますが、あまり 上手では ありません。

3 축구를 좋아합니까?

박민수 : 오늘은 축구 게임이 있군요.
　　　　야마다 씨는 축구를 좋아합니까?
야마다 : 예, 아주 좋아합니다만, 박민수 씨는 어떻습니까?
박민수 : 예, 저도 좋아합니다.
　　　　요즈음 일본 축구는 강하더군요.
야마다 : 아, 그렇습니까? 하지만, 한국 축구보다는 강하지 못하지요.
박민수 : 야마다 씨는 축구를 자주 합니까?
야마다 : 가끔 합니다만, 그다지 잘하지 못합니다.

본문 헤쳐보기

サッカーが すきですか。 축구를 좋아합니까?

| パク | 今日は サッカー ゲームが ありますね。 |
| 박민수 | 오늘은　축구 게임이　　　　있군요. |

やまださんは サッカーが すきですか。
야마다 씨는　　축구를　　좋아합니까?

| やまだ | はい、だいすきですが、パクさんは どうですか。 |
| 야마다 | 예,　아주 좋아합니다만, 박민수 씨는　어떻습니까? |

| パク | ええ、わたしも 好きです。 |
| 박민수 | 예,　저도　　좋아합니다. |

1. サッカーゲームが ありますね。 축구게임이 있군요.

あります(있습니다)는 물건이나 식물 등 사물의 존재 유무를 나타낸다. 〜が ありますね(〜가 있군요)에서의 〜ね(〜군요)는 종조사로서 상대방의 동의를 구할 때나 의견에 동조할 때 쓰인다.

2. 〜が すきです。 ~을(를) 좋아합니다.

〜が すきだ(〜을 좋아하다)는 좋아하는 대상을 표현할 때 조사를 〜が(〜을, 〜를)를 취한다.

テニスが すきだ (테니스를 좋아한다) ➡ テニスが すきです(테니스를 좋아합니다)

3. だいすきです。 아주 좋아합니다.

とても すきです로 써도 같은 뜻이다.

4. どうですか。 어떻습니까?

어떤 상태인지 물을 때에 자주 쓴다. 공손한 표현으로는 いかがですか(어떠십니까?)가 쓰인다.

5. つよいです。 강합니다.

「형용사의 기본형＋です」의 형태로, 정중한 표현을 나타낸다.

おいしい(맛있다) + です ➡ おいしいです(맛있습니다)
かわいい(예쁘다) + です ➡ かわいいです(예쁩니다)

このごろ 日本の サッカーは つよいですね。
요즈음　　일본　　축구는　　　　　강하더군요.

やまだ　あ、そうですか。でも、**韓国**の サッカーよりは つよく ありませんよ。
야마다　　아, 그렇습니까?　하지만, 한국 축구　　　보다는 강하지 못하지요.

パク　やまださんは サッカーを よく しますか。
박민수　야마다 씨는　　축구를　　　자주 합니까?

やまだ　ときどき しますが、あまり 上手では ありません。
야마다　　가끔　　　합니다만,　그다지 잘하지　　　못합니다.

6. ～より　～보다

より를 사용하여 비교를 나타낼 때 사용한다.

예 わたしは お茶(ちゃ)より コーヒーが すきです。　나는 녹차보다 커피를 좋아합니다.
ソウルより 東京(とうきょう)が あついです。　서울보다 도쿄가 덥습니다.

7. つよく ありません。 강하지 않습니다.

つよい(강하다) ➡ つよく ない(강하지 않다) ➡ つよく ないです / つよく ありません (강하지 않습니다)

8. ときどき 때때로

어떤 일이 가끔 행해질 때 쓰는 말이다. 이외에도 빈도수를 나타내는 부사로는 たびたび(자주), たまに (간혹) 등이 있다.

9. 上手(じょうず)では ありません。 능숙하지 못합니다.

上手(じょうず)だ(능숙하다) ➡ 上手(じょうず)では ない(능숙하지 않다)

➡ 上手(じょうず)では ないです / 上手(じょうず)では ありません (능숙하지 않습니다)

※ ～では ありませんを 간단하게 표현하면 ～じゃ ありませんの다.

 알아두기

1. 형용사의 활용 (1)

종 류	기본형	정중형	명사 수식형
い형용사	かわいい	かわいいです	かわいい ひと
な형용사	すきだ	すきです	すきな ひと

(1)형용사의 종류

형용사는 명사를 수식할 때의 형태에 따라 두 종류로 나뉘어진다.
~い의 형태로 명사를 수식하는 것을 い형용사, ~な의 형태로 명사를 수식하는 것을 な형용사(형용동사)라고 한다.

い형용사

たのしい(즐겁다)	おいしい(맛있다)
おもしろい(재미있다)	たかい(높다, 비싸다)

な형용사

きれいだ(깨끗하다, 예쁘다)	すきだ(좋아하다)
しずかだ(조용하다)	じょうずだ(잘하다)

(2)형용사의 정중형

い형용사의 정중형은 끝에 です를 붙인다.

> (예) たなかさんの いもうとさんは かわいい。 다나카 씨의 여동생은 귀엽다.
> ➡ たなかさんの いもうとさんは かわいいです。 다나카 씨의 여동생은 귀엽습니다.

な형용사의 정중형은 어미 だ를 です로 고친다.

> (예) この へやは きれいだ。 이 방은 깨끗하다.
> ➡ この へやは きれいです。 이 방은 깨끗합니다.

(3)형용사의 명사 수식형

い형용사는 기본형과 같은 형태로 명사를 수식한다.

> (예) もりさんは かわいい ひとです。 모리 씨는 귀여운 사람입니다.
> これは おいしい パンです。 이것은 맛있는 빵입니다.

な형용사는 어미 だ를 な로 바꾸어 명사를 수식한다.

예 しずかな きょうしつですね。조용한 교실이군요.

　　きれいな へやですね。깨끗한 방이군요.

2. 형용사의 활용 (2)

종　류	기본형	정중형	부정형	정중 부정형	접속형
い형용사	たかい	たかいです	たかく ない	たかく ありません	たかくて
な형용사	すきだ	すきです	すきでは ない	すきでは ありません	すきで

い형용사의 정중형은 〜いです이고, 부정형은 〜く ありません이다.

예 パクさんの へやは ひろいです。박민수 씨 방은 넓습니다.

　　➡ パクさんの へやは ひろく ありません。박민수 씨 방은 넓지 않습니다.

な형용사의 정중형은 〜です이고, 부정형은 〜では ありません이다.

예 もりさんは コーヒーが すきです。모리 씨는 커피를 좋아합니다.

　　➡ もりさんは コーヒーは すきでは ありません。모리 씨는 커피는 좋아하지 않습니다.

※ い형용사의 경우 부정형을 **〜く ないです**라고도 하지만 이 표현은 어른스럽지 못한 유아적인 표현이며, な형용사의 경우도 **〜では ないです**라는 표현은 일반적으로 잘 쓰지 않는다.

문제 풀기

1. 대화를 잘 듣고 질문에 답해 봅시다. 

   (1) 좋아하는 일본 요리는 무엇입니까?
   ① すし　　　　② さしみ　　　　③ うどん　　　　④ てんぷら

   (2) 모리 씨의 요리 솜씨는 어떻습니까?
   ① じょうずです　　　　　② じょうずでは ありません
   ③ すきです　　　　　④ へたでは ありません

   (3) 대화의 내용으로 알맞은 것은 무엇입니까?
   ① 초밥과 우동을 좋아한다.　　　② 일본 요리를 잘한다.
   ③ 모밀국수를 좋아한다.　　　④ 일본 요리를 좋아하지 않는다.

2. 다음 그림을 보고 보기와 같이 말해 봅시다. 

すきだ

보기 

A : すき ですか。
B : いいえ、すき では ありません。

① 

きれいだ

A :
B :

② 

おいしい

A :
B :

③ 

しずかだ

A :
B :

④ 

ひろい

A :
B :

1. 다음 な형용사(형용 동사)를 보기와 같이 바꾸어 써 봅시다.

보기	すきだ	すきです	すきでは ありません	すきな ひと
①	きれいだ			はな
②	じょうずだ			スポーツ
③	しずかだ			へや
④	しんせつだ			ひと

2. 다음 い형용사를 보기와 같이 바꾸어 써 봅시다.

보기	おいしい	おいしいです	おいしく ありません	おいしい キムチ
①	たのしい			りょこう
②	たかい			くつ
③	やすい			かばん
④	おもしろい			えいが

참 고

■ はな 꽃　■ りょこう 여행　■ スポーツ 스포츠　■ やすい 싸다, 싼　■ へや 방
■ くつ 구두　■ ひと 사람　■ かばん 가방　■ キムチ 김치　■ えいが 영화

일본문화알기

선물 문화

일본에는 여러 가지 선물 문화가 있다. 전통적인 것은 오츄겐(お中元, おちゅうげん)과 오세이보(お歳暮, おせいぼ)이다. 「오츄겐」은 여름 7월쯤에 신세진 분들에게 인사하는 뜻으로 드리는 선물이며, 「오세이보」 역시 연말인 12월에 신세를 진 사람에게 드리는 선물이다. 또한, 신정 때의 오넨가(お年賀, おねんが)를 전통적인 선물 문화로 들 수 있는데, 보통 お歳暮와 お年賀 중 하나를 드리면 된다. 이외에도 경사가 있을 때의 축하 선물(입학, 졸업, 결혼 등)을 비롯하여 여러 가지 형태의 선물 문화가 있다. 그러나 일본에서는 선물을 받으면 반드시 답례를 하는 것이 예의로 되어 있다. 보통 받은 물건의 3분의 1 정도 가격의 물건을 답례로 보내는 것이 보통이다.

4

コンピューターは どこに ありますか

컴퓨터는 어디에 있습니까?

사물의 존재 유무를 나타내는 표현과 위치에 관한 표현을 익혀 봅시다.
또한, 자신의 방을 안내하는 표현도 익혀 봅시다.

학 습 목 표

● 존재 유무
- へやは どこに ありますか。 방은 어디에 있습니까?

● 위치·방향
- つくえの したに あります。 책상 아래에 있습니다.
- こちらです。 이쪽입니다.
- ここが わたしの へやです。 여기가 내 방입니다.

단어 익히기

다음 단어를 잘 듣고, 따라서 읽어 봅시다.

部屋 (へや)	방	上 (うえ)	위	川 (かわ/み)	강
どこ	어디	～の	～것	見える	보이다
～に	～에	テレビ	텔레비전	ハンガン	한강
わたし	나	コンピューター	컴퓨터	ほんとうに	정말로
～の	～의	モニター	모니터	みはらし	전망
広い (ひろい)	넓다	下 (した)	아래	いい	좋다
つくえ	책상	あれ	저것		

다음 빈칸에 일본어나 우리말을 써 봅시다

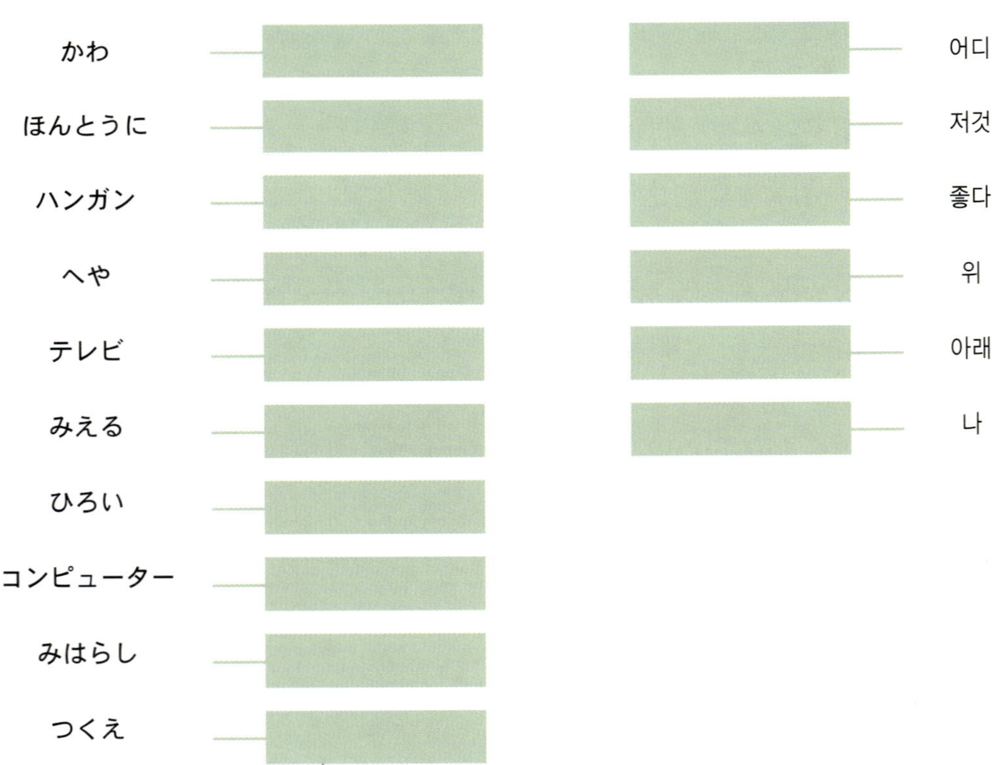

かわ	____		____	어디
ほんとうに	____		____	저것
ハンガン	____		____	좋다
へや	____		____	위
テレビ	____		____	아래
みえる	____		____	나
ひろい	____			
コンピューター	____			
みはらし	____			
つくえ	____			

もり　イーさんの へやは どこに ありますか。

イー　こちらです。ここが わたしの へやです。

もり　わあ、ひろいですね。つくえの 上に あるのは テレビですか。

イー　いいえ、テレビでは ありません。コンピューターの モニターです。

もり　そうですか。コンピューターは どこに ありますか。

イー　つくえの 下に あります。

もり　あ、あれですか。

もり　あそこに 川が 見えますね。

イー　ええ、ハンガンです。

もり　ここは ほんとうに

みはらしが いいですね。

4 컴퓨터는 어디에 있습니까?

모　리 : 이미라 씨의 방은 어디에 있습니까?

이미라 : 이쪽입니다. 여기가 내 방입니다.

모　리 : 와, 넓군요. 책상 위에 있는 것은 텔레비전입니까?

이미라 : 아니오, 텔레비전이 아닙니다. 컴퓨터 모니터입니다.

모　리 : 그렇습니까? 컴퓨터는 어디에 있습니까?

이미라 : 책상 아래에 있습니다.

모　리 : 아, 저것입니까?

　　　*　　　　　*　　　　　*

모　리 : 저기에 강이 보이는군요.

이미라 : 예, 한강입니다.

모　리 : 여기는 정말로 전망이 좋군요.

본문 해쳐보기

コンピューターは どこに ありますか 컴퓨터는 어디에 있습니까?

もり　イーさんの へやは どこに ありますか。
모리　이미라 씨의 방은　　어디에 있습니까?

イー　こちらです。ここが わたしの へやです。
이미라　이쪽입니다.　여기가 내　　　방입니다.

もり　わあ、ひろいですね。つくえの 上に あるのは テレビですか。
모리　와,　넓군요.　　　책상　　위에 있는 것은 텔레비전입니까?

イー　いいえ、テレビでは ありません。コンピューターの モニターです。
이미라　아니오, 텔레비전이　아닙니다.　　컴퓨터 모니터입니다.

もり　そうですか。コンピューターは どこに ありますか。
모리　그렇습니까?　컴퓨터는　　　　　어디에 있습니까?

---

1. イーさんの へや **이미라 씨의 방**

の는 명사와 명사를 연결할 때 사용하는 조사로, 뒤에 오는 말의 내용, 성질, 상태 등을 한정한다. '～의'로 해석되거나 의미 없이 쓰이는 경우가 있다. 우리말에서는 '일본어 책', '가방 속'과 같이 명사와 명사가 직접 연결되는 경우가 많지만 일본어에서는 の를 생략하지 않는다.

예 にほんごの ほん 일본어 책

　　わたしの ほん 나의 책

2. どこに ありますか。**어디에 있습니까?**

위치를 묻는 표현이다. どこ(어디)는 장소를 나타내는 지시어이다. '여기'는 ここ, '거기'는 そこ, '저기'는 あそこ이다. どこに ありますか(어디에 있습니까?)는 どこですか(어디입니까?)로도 바꿔 쓸 수 있다. ～に(～에)는 어떤 물체나 사람이 존재하는 장소를 나타내는 조사로 쓴다. あります와 います는 존재를 나타내는 것이므로 언제나 조사 に가 같이 쓰인다. あります(있습니다)는 주어가 무생물이나 식물 등이 올 때 쓰이며, います(있습니다)는 주어가 사람이나 동물 등이 올 때 쓰인다.

イー　　つくえの 下に あります。
이미라　책상　　　아래에 있습니다.

もり　　あ、あれですか。
모리　　아, 저것입니까?

　　　　　*　　　　　*　　　　　*　　　　　*

もり　　あそこに 川が 見えますね。
모리　　저기에　　강이　보이는군요.

イー　　ええ、ハンガンです。
이미라　예，　　한강입니다.

もり　　ここは ほんとうに みはらしが いいですね。
모리　　여기는 정말로　　　전망이　　　좋군요.

3. こちらです。 이쪽입니다.

こちら는 '이쪽'이라는 방향을 나타내는 지시 대명사로서, '그쪽'은 そちら, '저쪽'은 あちら, '어느 쪽'은 どちら이다.

예 こちらは へやです。 이쪽은 방입니다.

4. わあ、ひろいですね。 와, 넓군요.

ひろいです(넓습니다)의 부정형은 ひろく ありません(넓지 않습니다)이다, 반대말은 せまいです(좁습니다)이며, 부정형은 せまく ありません(좁지 않습니다)이다.

예 この へやは ひろいです。 이 방은 넓습니다.

5. つくえの 上 책상 위

위치를 나타내는 명사에는 다음과 같은 것이 있다.

うえ 위	まえ	うしろ	となり	なか
した 아래	앞	뒤	옆	속·안

（例）つくえの した 책상 아래
テレビの まえ 텔레비전 앞

6. あるのは 있는 것은

〜の(〜의 것)는 명사를 대신하여 쓰인다.

（例）わたしのでは ありません。 내 것이 아닙니다.

7. テレビでは ありません。 텔레비전이 아닙니다.

〜では ありません은 「체언 + です」의 부정형으로, 우리말의 '〜이(가) 아닙니다'라는 뜻이다.
일반 회화체에서는 〜じゃ ありません을 많이 사용한다.

（例）コンピューターでは ありません。 컴퓨터가 아닙니다.

1. 지시어

일본어에서 말하는 사람과 듣는 사람과의 위치, 거리 영역에 따라서 특정한 것을 가리키는 말은 우리말의 「이, 그, 저, 어느」의 체계와 비슷하다.

구 분	こ (이)　　근칭	そ (그)　　중칭	あ (저)　　원칭	ど (어느)　부정칭
사물 | ~것	これ 이것	それ 그것	あれ 저것	どれ 어느것
장소 | ~곳	ここ 여기	そこ 거기	あそこ 저기	どこ 어디
방향 | ~쪽	こちら 이쪽	そちら 그쪽	あちら 저쪽	どちら 어느쪽
명사 수식	この 이	その 그	あの 저	どの 어느

2. 존재를 나타내는 말

존재를 나타내는 '있다'의 표현에는 존재의 대상에 따라 ある와 いる로 나뉘는데, 주어가 무생물이나 사물일 경우는 ある, 사람을 비롯한 생물일 경우는 いる로 나타낸다.

사물(무생물)	ある	あります	ありますか	ありません
사람 · 동물	いる	います	いますか	いません
해석	있다	있습니다	있습니까?	없습니다

3. 위치 표현

- まえ(앞) ↔ うしろ(뒤)
  みぎ(오른쪽) ↔ ひだり(왼쪽)

- となり(옆) : 좌우 양쪽 바로 옆에 있는 것.
  A 의 위치

- よこ(옆) : 좌우 양쪽에 있는 가로줄 전체.
  A B 의 위치

- そば(옆) : 반드시 좌우가 아니라도 관계 없다.
  A B C 의 위치

문제 풀기

1. 대화를 잘 듣고 질문에 답해 봅시다.

   (1) 대화가 이루어지고 있는 장소는 어디입니까?
   ① 방   ② 교실   ③ 학교   ④ 사무실

   (2) 열거된 물건이 **아닌** 것은 무엇입니까?
   ① 라디오   ② 컴퓨터   ③ 비디오   ④ 텔레비전

2. 다음 그림을 보고 보기와 같이 말해 봅시다.

보기

A : ほんは どこに ありますか。
B : ほんは つくえの うえに あります。

①

 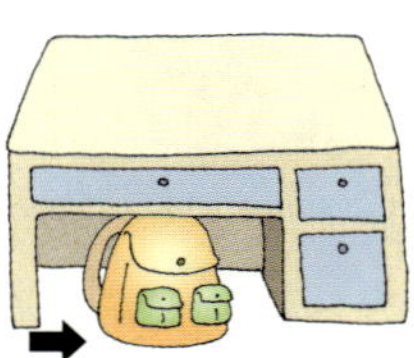

A :

B :

②

A :

B :

③

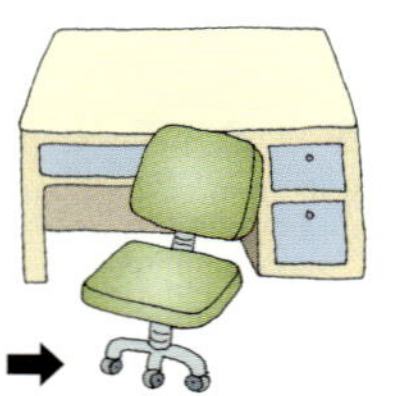

A :

B :

④

A :

B :

정리하기

1. 다음 그림을 보고 보기와 같이 알맞은 단어를 골라 써 봅시다.

2. 다음 그림을 보고 알맞은 말을 써 봅시다.

① A : つくえの なかに なにが ありますか。
　 B : ＿＿＿＿＿＿＿＿＿＿＿＿＿＿＿＿。

② A : テレビの うえに なにが ありますか。
　 B : ＿＿＿＿＿＿＿＿＿＿＿＿＿＿＿＿。

③ A : テーブルの となりに なにが ありますか。
　 B : ＿＿＿＿＿＿＿＿＿＿＿。

④ A : つくえの したに なにが ありますか。
　 B : ＿＿＿＿＿＿＿＿＿＿＿。

일본문화 알기

오하나미 お花見はなみ

3월 말부터 4월까지는 하나미(花見, はなみ)의 계절이다. 일본 규슈(九州, きゅうしゅう)의 남단에서 3월 말쯤부터 사쿠라젠센(桜前線, さくらぜんせん)이 북상하기 시작한다. 일본의 벚꽃(桜, さくら)에는 여러 가지가 있으나, 야에자쿠라(八重桜, やえざくら)가 가장 흔하고 예쁘다. 일본 각지에서 벚꽃(さくら)이 만개한 풍경은 볼만하다. 벚꽃이 만개한 공원에서는 사람들이 자리를 잡고 앉아, 거기서 술도 마시고 밥도 먹고 즐겁게 하루를 지낸다. 이것이 일본의 3월부터 4월까지 볼 수 있는 오하나미(お花見, おはなみ)의 풍경이다.

5

家族は ４人 います

가족은 4명 있습니다

사람이나 동물의 존재 유무를 나타내는 표현 및 사람을 세는 법과 가족의 호칭을 익혀 봅시다. 또한, 숫자를 바르게 사용할 수 있도록 연습해 봅시다.

학 습 목 표

● **존재 유무**

・山田さんは どこに いますか。 야마다 씨는 어디에 있습니까?

・ご家族は なんにん いますか。 가족은 몇 명 있습니까?

● **사람을 세는 법**

・家族は ４人 います。 가족은 4명 있습니다.

● **가족 호칭**

・この かたは お父さんですか。 이 분은 아버지입니까?

・わたしの あにです。 저의 오빠입니다.

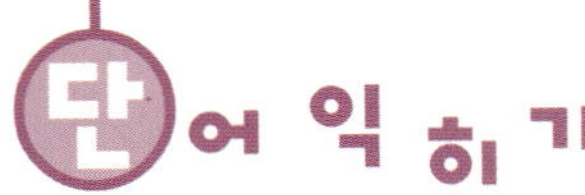

다음 단어를 잘 듣고, 따라서 읽어 봅시다.

^{かぞく}家族	가족	^{ちち}父・お^{とう}父さん	아버지	^{おとうと}弟	남동생
^{しゃしん}写真	사진	いません	없습니다	^せ背	키
こうこう	고교	この	이	^{たか}高い	크다
^{いちねんせい}1年生	1학년	〜には	〜에는	^{なんにん}何人	몇 명
とき	때	^{ひと}人	사람	^{はは}母	어머니
^{かた}方	분	だれ	누구	^{よにん}4人	4명

● 다음 빈칸에 일본어나 우리말을 써 봅시다 ●

おとうさん			4 명
かた			누구
こうこう			사람
しゃしん			가족
いちねんせい			크다
なんにん			없습니다
あに			
はは			
とき			
せが たかい			

イー　もりさん、家族の 写真ですか。

もり　はい、そうです。 こうこう 1年生の ときの 写真です。

イー　この 方は おとうさんですか。

もり　いいえ、父は この 写真には いません。

イー　では、この ひとは だれですか。

もり　わたしの あにです。

イー　あ、そうですか。 せが たかいですね。

　　　もりさんは 何人 家族ですか。

もり　あにと わたし、それから、父と 母 4人 います。

5 가족은 4명 있습니다

이미라 : 모리 씨, 가족 사진입니까?
모　리 : 예, 그렇습니다. 고등학교 1학년 때 사진입니다.
이미라 : 이 분은 아버지입니까?
모　리 : 아니오, 아버지는 이 사진에는 없습니다.
이미라 : 그럼, 이 사람은 누구입니까?
모　리 : 저의 오빠입니다.
이미라 : 아, 그렇습니까? 키가 크군요.
　　　　모리 씨는 가족이 몇 명입니까?
모　리 : 오빠와 나, 그리고, 아빠와 엄마 4명입니다.

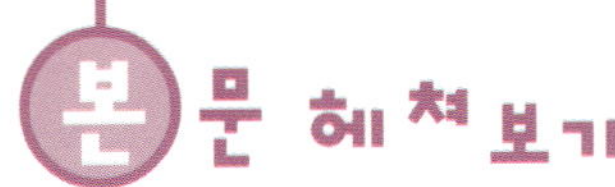

家族は 4人 います 가족은 4명 있습니다

イー   もりさん、家族の 写真ですか。
이미라   모리 씨, 가족   사진입니까?

もり   はい、そうです。こうこう 1年生の ときの 写真です。
모리   예,   그렇습니다. 고등학교 1학년   때   사진입니다.

イー   この 方は おとうさんですか。
이미라   이   분은 아버지입니까?

もり   いいえ、父は この 写真には いません。
모리   아니오, 아버지는 이사진에는   없습니다.

---

1. **この 方は お父さんですか。 이 분은 아버지입니까?**

かた(분)는 ひと(사람)의 높임말이다. 일본어에서는 자기 가족을 남에게 말할 때와 남의 가족을 말할 때가 다르므로 잘 구별하여 사용해야 한다.

(예) わたしの ちちは こうこうの 先生です。 우리 아버지는 고등학교 선생님입니다.
    あの かたは もりさんの おとうさんです。 저 분은 모리 씨의 아버지입니다.

2. **1年生の とき 1학년 때**

1학년, 2학년, 3학년을 각각 1年生(いちねんせい), 2年生(にねんせい), 3年生(さんねんせい)라고 하며, 줄여서 1年(いちねん), 2年(にねん), 3年(さんねん)이라고도 한다. '초등학교, 중학교, 고등학교, 대학교'는 각각 しょうがっこう, ちゅうがっこう, こうこう, だいがく라고 한다.

3. **父は この 写真には いません。 아버지는 이 사진에는 없습니다.**

います(있습니다)와 いません(없습니다)은 사람이나 동물 등의 존재의 유무를 나타낸다.

(예) へやの なかに だれが いますか。 방 안에 누가 있습니까?
    教室に 先生は いません。 교실에 선생님은 없습니다.

イー　では、この ひとは だれですか。
이미라　그럼, 이　사람은　누구입니까?

もり　わたしの あにです。
모리　저의　　오빠입니다.

イー　あ、そうですか。せが たかいですね。
이미라　아, 그렇습니까? 키가 크군요.

もりさんは 何人 家族ですか。
모리 씨는　가족이 몇 명입니까?

もり　あにと わたし、それから、父と 母 4人 います。
모리　오빠와 나,　　그리고,　아빠와 엄마 4 명입니다.

4. この ひとは だれですか　이 사람은 누구입니까?

この(이)・その(그)・あの(저)・どの(어느)는 명사 앞에 와서 그 명사를 지적해 줄 때 쓴다. だれ(누구)의 높임말은 どなた(어느 분)이다. 또한, 人(ひと、じん、にん)은 ①사람이라는 의미로 쓸 때는 ひと, ②국적 등을 나타낼 때는 じん, ③그 외에 사람 수를 헤아릴 때는 にん으로 읽는다.

예　あの 人は 山田さんです。 저 사람은 야마다 씨 입니다.

韓国人 한국인
日本人 일본인
4人 4명
何人 몇 명

5. せが たかいですね。 키가 크군요.

せが たかい(키가 크다)의 반대말은 せが ひくい(키가 작다)이다.

알아두기

1. 숫자 읽기

1	2	3	4	5
いち	に	さん	し よん・よ	ご
6	**7**	**8**	**9**	**10**
ろく	しち なな	はち	きゅう く	じゅう

2. 사람을 셀 때

1人	2人	3人	4人	5人
ひとり	ふたり	さんにん	よにん	ごにん
6人	**7人**	**8人**	**9人**	**10人**
ろくにん	しちにん ななにん	はちにん	きゅうにん くにん	じゅうにん
11人	**12人**	**13人**	**14人**	**15人**
じゅういちにん	じゅうににん	じゅうさんにん	じゅうよにん	じゅうごにん
20人	**24人**	**30人**	**40人**	**何人**
にじゅうにん	にじゅうよにん	さんじゅうにん	よんじゅうにん	なんにん

3. 가족 호칭

가족 호칭	나의 가족 わたしの〜	남의 가족 ○○さんの〜
아버지	ちち	お父さん
어머니	はは	お母さん
부모	りょうしん	ご両親
형·오빠	あに	お兄さん
누나·언니	あね	お姉さん
남동생	おとうと	弟さん
여동생	いもうと	妹さん
할아버지	そふ	おじいさん
할머니	そぼ	おばあさん
아이	こども	お子さん
아들	むすこ	息子さん
딸	むすめ	娘さん
남편	しゅじん·おっと	ご主人
아내	つま·家内	奥さん·奥さま

문제풀기

1. 대화를 잘 듣고 질문에 답해 봅시다. 

   (1) 가족은 모두 몇 명입니까?
      ① 2명   ② 3명   ③ 4명   ④ 5명

   (2) 가족 사진을 보면서 물어본 사람은 누구입니까?
      ① 어머니   ② 언니   ③ 아버지   ④ 남동생

2. 다음 그림을 보고 보기와 같이 말해 봅시다. 

보기

きょうしつ
教室

A： 先生は どこに いますか。
B： 先生は 教室 に います。

①

にわ
庭

A：
B：

②

テーブル

A：
B：

③

くるま
車

A：
B：

④

こうえん
公園

A：
B：

정리하기

1. 다음 빈칸에 가족 호칭에 관한 표현을 적어 봅시다.

가족 호칭	나의 가족 （わたしの〜）	남의 가족 （○○さんの〜）
아버지	ちち	④
어머니	①	おかあさん
부모	りょうしん	ごりょうしん
형·오빠	あに	⑤
누나·언니	②	おねえさん
남동생	おとうと	⑥
여동생	③	いもうとさん

2. 다음 빈칸에 사람을 세는 말을 적어 봅시다.

1人	2人	3人	4人	5人
①	②	③	④	⑤
6人	7人	8人	9人	10人
⑥	⑦	⑧	⑨	⑩

3. 다음 빈칸에 あります 또는 います를 적절하게 써 봅시다.

① ぎんこうの まえに くるまが 　　　　　。

② いすの したに ねこが 　　　　　。

③ がっこうの となりに びょういんが 　　　　　。

④ へやの なかに 先生（せんせい）が 　　　　　。

⑤ 木（き）の うえに とりが 　　　　　。

일본문화 알기

마쓰리 祭まつり

일본의 여름은 늘 마쓰리(祭り, まつり)의 계절이다. 전통적인 축제뿐만 아니라 각 마을이나 농어촌에 하나 정도는 지방 고유의 祭り가 있다. 일본의 祭り에 항상 수반되는 것들 가운데 미코시(みこし, 가마), 요미세(よみせ, 야간 노점상), 본오도리(盆踊り, 축제시의 춤) 등이 있다. 지역의 주민인 젊은 남자들은 핫삐(はっぴ)라는 축제 의상을 입고, 마을의 신(神)을 상징하는 가마를 메고 왓쇼이(わっしょい)를 외치며 축제장까지 이동해 간다. 이 때 외치는 '왓쇼이 왓쇼이'는 우리말의 [왔소, 왔소]에서 온 말이라는 설이 있으며, 이는 신이 왔음을 알리는 외침이다. 또한, 야마구루마(山車, やまぐるま) 위에서 젊은이들이 큰 북(太鼓, たいこ)을 치고, 마쓰리바야시(祭囃子, まつりばやし)라는 피리를 불며 흥을 돋군다. 일본의 마쓰리는 교토(京都, きょうと)의 기온마쓰리(祇園祭り, ぎおんまつり)가 일본 각지의 축제의 원형이 되었다고 하는 설도 있다. 'みこし'가 도착한 축제장에서는 많은 사람들이 리듬에 맞추어 본오도리(盆踊り, ぼんおどり)라는 춤을 추기도 하고, 'よみせ'에서 물건을 사거나 음식을 사 먹기도 한다.

6

インターネットを
よく使いますか

인터넷을 자주 사용합니까?

하루의 일상 생활을 나타내는 표현과 시간 · 요일을 말할 수 있는 의사소통능력을 길러 봅시다. 특히, 동사의 변화에 유의하면서 학습해 봅시다.

학 습 목 표

● 시간 묻기

· 何時に 起きますか。 몇 시에 일어납니까?

· 6時に 起きます。 6시에 일어납니다.

● 하루 일과 말하기

· 何を しますか。 무엇을 합니까?

· テレビを 見ながら ゆっくり 休みます。 텔레비전을 보면서 편히 쉽니다.

· 7時に 朝ごはんを 食べます。 7시에 아침밥을 먹습니다.

단어 익히기

다음 단어를 잘 듣고, 따라서 읽어 봅시다.

クラブ	클럽	何か	뭔가	日曜日	일요일
テニス	테니스	食べる	먹다	送る	보내다
メール	메일	ゆっくり	천천히, 편히	休む	쉬다
～ながら	～ 하면서	友だち	친구	早い	빠르다, 이르다
で	～ 로	何時	몇 시	起きる	일어나다
～たち	～ 들	使う	사용하다	それから	그리고 나서
～時	～ 시	見る	보다	便利だ	편리하다
～ので	～ 이므로	インターネット	인터넷	会員	회원
とても	매우	朝ごはん	아침밥		

다음 빈칸에 일본어나 우리말을 써 봅시다

にちようび			빠르다
かいいん			보다
あさごはん			천천히
おくる			매우
ながら			일어나다
やすむ			먹다
つかう			친구
べんりだ			인터넷
それから			

山田　パクさん、日曜日は 何時に 起きますか。

パク　6時に 起きます。

山田　早いですね。 何か しますか。

パク　ええ、クラブの 会員たちと 8時頃まで テニスを します。

それから、朝ごはんを 食べます。

山田さんは 日曜日に 何を しますか。

山田　私は テレビを 見ながら ゆっくり 休みます。

ときどき、友だちに インターネットで メールを 送ります。

パク　山田さんは インターネットを よく 使いますか。

山田　ええ、とても 便利で よく 使います。

6 인터넷을 자주 사용합니까?

야마다 : 박민수 씨, 일요일은 몇 시에 일어납니까?
박민수 : 6시에 일어납니다.
야마다 : 이르군요. 뭔가 합니까?
박민수 : 예, 클럽 회원들과 8시경까지 테니스를 칩니다.
　　　　그리고, 아침을 먹습니다. 야마다 씨는 일요일에 무엇을 합니까?
야마다 : 저는 텔레비전을 보면서 편히 쉽니다.
　　　　때때로 친구에게 인터넷으로 메일을 보냅니다.
박민수 : 야마다 씨는 인터넷을 자주 사용합니까?
야마다 : 예, 매우 편리해서 자주 사용합니다.

본문 헤쳐 보기

インターネットを よく 使いますか 인터넷을 자주 사용합니까?

山田　パクさん、日曜日は 何時に 起きますか。
　　　박민수 씨, 일요일은 몇시에 일어납니까?

パク　6時に 起きます。
　　　6시에 일어납니다.

山田　早いですね。何か しますか。
　　　이르군요. 　　뭔가 합니까?

パク　ええ、クラブの 会員たちと 8時頃まで テニスを します。
　　　예, 　클럽 　회원들과 　8시경까지 테니스를 합니다.

---

1. よく　잘 · 자주

부사 よく에는 다음의 예문과 같은 몇 가지 용법이 있다.

- 좋은 상태　**よく** できました。잘 했습니다.
- 충분한 상태　きのうは **よく** 寝ました。어제는 푹 잤습니다.
- 빈도가 높은 상태　**よく** 肉を 食べます。자주 고기를 먹습니다.

2. ～に　～에(시간) · ～에게(대상)

시간이나 대상 등을 나타내는 조사이다.

> 7時に 約束が あります。　7시에 약속이 있습니다.
>
> 友だちに 手紙を 書きました。친구에게 편지를 썼습니다.

3. 何か　뭔가

여기서 か는 불확실한 것에 대해서 쓰이는 조사로 '～인가'의 뜻이다.

4. ～ながら　～ 하면서

동시에 행해지는 두 동작을 나타낸다. 동사의 ます형에 접속되며, 동시에 행해지는 동작을 나타낸다.

それから、朝ごはんを 食べます。山田さんは 日曜日に 何を しますか。
그리고, 아침을 먹습니다. 야마다 씨는 일요일에 무엇을 합니까?

山田　私は テレビを 見ながら ゆっくり 休みます。
저는 텔레비전을 보면서 편히 쉽니다.

ときどき、友だちに インターネットで メールを 送ります。
때때로, 친구에게 인터넷으로 메일을 보냅니다.

パク　山田さんは インターネットを よく 使いますか。
야마다 씨는 인터넷을 자주 사용합니까?

山田　ええ、とても 便利で よく 使います。
예, 매우 편리해서 자주 사용합니다.

예) 歩きながら 音楽を 聞きます。걸으면서 음악을 듣습니다.

5. ～で　～해서・～으로

이유를 나타낼 경우는 '～ 인해서', 수단이나 방법을 나타낼 경우는 '～ 으로, 로'의 의미로 사용된다.

예) バスで 行きましょう。버스로 갑시다.
手紙を えんぴつで 書きます。편지를 연필로 씁니다.

6. ～まで　～ 까지

시간이나 장소를 나타낼 때 쓰인다.

예) 7時まで 寝ました。7시까지 잤습니다.
プサンまでは 車で 6時間 かかります。부산까지는 승용차로 6시간 걸립니다.

7. 便利で　편리해서

な형용사이며, 便利だ(편리하다)의 접속형이다.

예) 牛肉は 大好きで よく 食べます。소고기는 대단히 좋아해서 자주 먹습니다.

 아 두기

1. 동사

(1) 동사의 종류

동사의 어미는 「う、く、す、つ、ぬ、む、る、ぐ、ぶ」의 형태로 끝나며, 끝 모음은 [u](ウ단)이다.
동사는 다음과 같이 3가지로 분류한다.

종 류	형 태
1류동사	る이외의 형태로 끝나는 모든 동사 예 あう (만나다)　　いく (가다)　　はなす (말하다) 　　たつ (서다)　　しぬ (죽다)　　よむ (읽다) 　　およぐ (헤엄치다)　あそぶ (놀다) る로 끝나는 동사 중 –る앞의 모음이 [a, u, o]인 동사 예 つくる (만들다)　　なる (되다)　　のる (타다)
2류동사	る로 끝나는 동사 중 –る앞의 모음이 [i, e]인 동사 예 おきる (일어나다)　　みる (보다)　　たべる (먹다) 　　あける (열다)
3류동사	예외적인 활용을 하는 동사로, する(하다)와 くる(오다) 2개 밖에 없다.

예외

2류 동사의 형태를 한
1류 동사
- 帰(かえ)る　돌아가다
- 知(し)る　알다
- 入(はい)る　들어오(가)다
- 走(はし)る　달리다
- 要(い)る　필요하다
- 切(き)る　자르다
- 減(へ)る　줄다

(2) 동사의 활용 … ます형

동사를 공손하게 표현하는 말로 '～합니다' 라는 뜻이다. 반복되는 동작을 나타내거나 앞으로의 동작 또는 의지를 나타낸다.

접속 방법
- 1류 동사 _ 어미 [u]를 [i]로 바꾼 후, ます를 연결한다.
- 2류 동사 _ 어미 [る]를 없앤 후, ます를 연결한다.
- 3류 동사 _ 불규칙적으로 연결된다.

종 류	활용의 특징	기 본 형		ます(ません・ましょう)	
1류 동사	~[u] → ~[i]ます	かく よむ	쓰다 읽다	かきます よみます	씁니다 읽습니다
2류 동사	~[ru] → ~[ru]ます	みる たべる	보다 먹다	みます たべます	봅니다 먹습니다
3류 동사	불규칙하게 변함	くる する	오다 하다	きます します	옵니다 합니다

例　1류 동사　あう → あいます　　　いく → いきます　　　はなす → はなします
　　　　　　　 たつ → たちます　　　しぬ → しにます　　　よむ → よみます
　　　　　　　 およぐ → およぎます　 あそぶ → あそびます　なる → なります
　　　　　　　 つくる → つくります　 のる → のります

　　　2류 동사　おきる → おきます　　 あける → あけます

2. 시간

(1)　～時 … ～시

앞에 오는 수에 상관없이 じ로 발음된다.

몇 시 : 何時（なんじ）

1時	2時	3時	4時	5時	6時
いちじ	にじ	さんじ	よじ	ごじ	ろくじ
7時	8時	9時	10時	11時	12時
しちじ	はちじ	くじ	じゅうじ	じゅういちじ	じゅうにじ

(2)　～分 … ～분

앞에 오는 수에 따라서 ふん・ぷん 으로 발음된다.

몇 분 : 何分（なんぷん）

1分	2分	3分	4分	5分	6分
いっぷん	にふん	さんぷん	よんぷん	ごふん	ろっぷん
7分	8分	9分	10分	11分	12分
ななふん	はっぷん はちふん	きゅうふん	じゅっぷん じっぷん	じゅういっぷん	じゅうにふん

3. 요일

日曜日	月曜日	火曜日	水曜日
にちようび	げつようび	かようび	すいようび
木曜日	金曜日	土曜日	何曜日
もくようび	きんようび	どようび	なんようび

문제 풀기

1. 대화를 잘 듣고 질문에 답해 봅시다.

   (1) 타무라 씨는 토요일에 무엇을 합니까?
   ① 독서   ② 연극   ③ 영화   ④ 음악회

   (2) 타무라 씨가 하고자 하는 일은 몇 시부터입니까?
   ① 3시   ② 4시   ③ 5시   ④ 6시

2. 다음 그림을 보고 보기와 같이 말해 봅시다.

食べる

A：食べますか。
B：はい、食べます。

飲む

A：
B：

見る

A：
B：

買う

A：
B：

行く

A：
B：

1. 다음의 보기와 같이 시간과 요일을 히라가나로 써 봅시다.

1時	2時	3時	4時	5時	6時
보기 いちじ					
7時	8時	9時	10時	11時	12時

日曜日	
月曜日	
火曜日	
水曜日	

木曜日	
金曜日	
土曜日	
何曜日	

2. 다음 보기와 같이 동사의 종류를 구별하고, ます 및 ながら를 연결해 봅시다.

보기	よむ	1류	⇒	よみます	—	よみながら
1	起きる		⇒		—	
2	する		⇒		—	
3	食べる		⇒		—	
4	見る		⇒		—	
5	休む		⇒		—	
6	送る		⇒		—	
7	使う		⇒		—	

일본 문화 알기

스모 すもう

스모(すもう)는 일본을 대표하는 국기로서 이미 7세기경부터 시작되어, 17세기에 이르러 대중화되었다. 직업인으로서 스모 선수를 리키시(力士, りきし)라고 하며, 혼바쇼(本場所, ほんばしょ)라 불리는 정규 경기는 1년에 6회, 각각 15일 동안 열린다. 경기 방법은 직경 4.55미터의 원형으로 된 도효(土俵, どひょう)라는 공간에서 두 사람의 리키시가 기술을 겨루는데, 일단 선수가 도효 바깥쪽으로 밀려 나가거나, 발을 제외한 신체의 일부가 땅에 닿으면 지는 경기이다. 리키시는 승패에 의해 순위가 결정되는데, 스모의 최고 지위를 요코즈나(よこづな)라고 한다.

7

この ぼうしは いくらですか

이 모자는 얼마입니까?

상거래에 쓰이는 일상적인 표현과 가격을 묻고 말할 수 있는 기능을 익혀 봅시다.
또한, 높은 단위의 숫자 읽는 법도 잘 익혀 봅시다.

학 습 목 표

● **가격 묻기**

・この ぼうしは いくらですか。 이 모자는 얼마입니까?

・もう すこし 安(やす)いのは ありませんか。 좀 더 싼 것은 없습니까?

● **비교**

・それより 高(たか)く ありません。 그것보다 비싸지 않습니다.

● **선택**

・これの ほうが いいです。 이쪽이 좋습니다.

・これに します。 이것으로 하겠습니다.

단어 익히기

다음 단어를 잘 듣고, 따라서 읽어 봅시다.

ぼうし	모자	〜が	〜인데요
いくら	얼마	これの　ほう	이쪽
いらっしゃいませ	어서 오세요	それでは	그럼
もう　すこし	좀 더	ください	주세요
安い	싸다	かしこまりました	잘 알겠습니다
それより	그것보다		

● 다음 빈칸에 일본어나 우리말을 써 봅시다 ●

ぼうし	____		____	싸다
いらっしゃいませ	____		____	그것보다
それでは	____		____	주세요
かしこまりました	____			

店員　いらっしゃいませ。

もり　すみません。この ぼうしは いくらですか。

店員　それは 20,000ウォンです。

もり　高いですね。もう すこし 安いのは ありませんか。

店員　これは どうですか。

　　　それより 高く ありません。15,000ウォンですが。

山田　これの ほうが いいですね。

もり　それでは これに します。これ ください。

店員　はい、かしこまりました。

7 이 모자는 얼마입니까?

점　원 : 어서 오세요.
모　리 : 실례합니다. 이 모자는 얼마입니까?
점　원 : 그것은 20,000원입니다.
모　리 : 비싸군요. 좀 더 싼 것은 없습니까?
점　원 : 이것은 어떻습니까? 그것보다 비싸지 않습니다.
　　　　15,000원인데요.
야마다 : 이쪽이 좋군요.
모　리 : 그럼 이것으로 하겠습니다. 이거 주세요.
점　원 : 예, 잘 알겠습니다.

본문 헤쳐 보기

この ぼうしは いくらですか 이 모자는 얼마입니까?

店員　いらっしゃいませ。
점원　어서 오세요.

もり　すみません。この ぼうしは いくらですか。
모리　실례합니다.　이　모자는　얼마입니까?

店員　それは 20,000ウォンです。
점원　그것은 20,000 원입니다.

もり　高いですね。もう すこし 安いのは ありませんか。
모리　비싸군요.　좀　더　싼 것은　없습니까?

---

1. ～は いくらですか。 ～은 얼마입니까?

상거래시에 가격을 물을 때 사용하는 표현이다.

> 예　この ハンカチは いくらですか。　이 손수건은 얼마입니까?
>
> 　　ぜんぶで いくらに なりますか。　모두 합해서 얼마가 됩니까?

2. いらっしゃいませ。 어서 오세요.

백화점이나 상점의 점원, 비행기 등의 안내원이 손님을 맞이할 때 하는 정중한 인사말이다.
일반적으로 가정을 방문한 손님에게는 사용하지 않지만, 아주 귀한 손님인 경우나 맞이하는 사람이 여성일 경우에는 사용하기도 한다.

3. すみません。 미안합니다 · 실례합니다 · 저 여기요.

일본인들이 자주 사용하는 표현 중 하나이다. 상황에 따라 의미가 다르니 유의해야 한다.

> 예　おそく なって すみません。 늦어서 미안합니다.
>
> 　　あの、すみません。 저～, 여기요.
>
> 　　ちょっと すみません。 저～, 실례합니다.

店員　これは どうですか。
점원　이것은 어떻습니까?

　　　それより 高く ありません。15,000ウォンですが。
　　　그것보다　비싸지않습니다.　　15,000 원인데요.

山田　これの ほうが いいですね。
야마다　이　　쪽이　　좋군요.

もり　それでは これに します。 これ ください。
모리　　그럼　　　이것으로 하겠습니다. 이거 주세요.

店員　はい、かしこまりました。
점원　　예,　잘 알겠습니다.

이외에도 상대방이 나에게 친절을 베풀어 주었을 때 '고맙습니다'라는 의미로 쓰이기도 한다.

4. 〜のは ありませんか。 ~것은 없습니까?

여기에서의 の는 명사를 대신하는 말이다.

예　もっと 大きいのは ありませんか。 좀 더 큰 것은 없습니까?

　　この かばんは あなたのですか。 이 가방은 당신의 것입니까?

5. それより 그것보다

より는 '〜보다'의 의미로 다른 것과의 비교를 나타내는 말이다.

6. 高く ありません。 비싸지 않습니다.

高いです(비쌉니다)의 부정 표현이다. 「い형용사 + です」의 부정 표현은 「い형용사의 어간 + く ありません」이다. 다소 유아적인 표현으로 「い형용사의 어간 + く ないです」도 있다.

7. ～の ほうが いいです。 ～쪽이 좋습니다 · ～쪽이 괜찮습니다.

ほう는 본래 방향을 나타내는 말이나, 어떤 경향을 나타낼 때 사용하기도 한다. 여기서는 어떤 것을 선택할 때 자신의 의사를 표현하는 말이다.

8. これは どうですか。 이건 어떻습니까?

상대방에게 의향을 묻거나 권유할 때 쓰이는 말이다.

9. それでは 그럼

앞의 말을 받아 쓰이는 접속사이다. 회화체에서는 흔히 それじゃ라고 한다.

예 それでは また あいましょう。 그럼 또 만납시다.

10. ～に します。 ～로 하겠습니다.

어떤 것을 선택할 때 자신의 의사를 나타내는 표현으로 쓰이는 말이다. 이 때 선택의 대상이 되는 명사에는 조사 に가 붙는다.

예 A : なに に しますか。 뭘로 하겠어요?
　　B : コーヒー に します。 커피로 하겠습니다.

11. これ ください。 이거 주세요.

これ는 자신에게 가까운 곳에 있는 것을 지시하는 말이다. ください(주세요)는 상대방에게 부탁하는 표현으로, 그 대상이 되는 물건을 나타낼 때는 보통 조사 を가 쓰이지만, 회화체에서는 흔히 생략된다.

12. かしこまりました。 (분부대로) 잘 따르겠습니다 · 잘 알겠습니다.

상 행위시에 흔히 점원이 하는 말이다. 자신을 낮추어 말하는 겸양어이다.

알
아
두
기

1. い형용사의 활용

기본형	정중형	부정형	정중 부정형
高い	高いです	高く ない	高く ないです / 高く ありません
多い	多いです	多く ない	多く ないです / 多く ありません

2. 자주 쓰이는 い형용사

大きい 크다	小さい 작다	長い 길다	短い 짧다	重い 무겁다	軽い 가볍다	暗い 어둡다	明るい 밝다

高い 비싸다	安い 싸다	高い 높다	低い 낮다	遠い 멀다	近い 가깝다

暑い 덥다	寒い 춥다	多い 많다	少ない 적다

3. 숫자

百

100	200	300	400	500
ひゃく	にひゃく	さんびゃく	よんひゃく	ごひゃく

600	700	800	900	
ろっぴゃく	ななひゃく	はっぴゃく	きゅうひゃく	

千

1000	2000	3000	4000	5000
せん	にせん	さんぜん	よんせん	ごせん

6000	7000	8000	9000	
ろくせん	ななせん	はっせん	きゅうせん	

万

10,000	100,000	1,000,000	10,000,000
いちまん	じゅうまん	ひゃくまん	せんまん

문제 풀기

1. 대화를 잘 듣고 질문에 답해 봅시다. 

   (1) 손님이 산 것은 무엇입니까?
     ① ノート   ② ボールペン   ③ 本   ④ ペン

   (2) 손님이 사려고 하는 물건의 가격은 얼마입니까?
     ① 300円   ② 400円   ③ 3,000円   ④ 4,000円

2. 다음 보기와 같이 대화를 완성하고 말해 봅시다. 

보기

❶ 

❷ 

❸ 

❹ 

정리하기

1. 다음 숫자의 よみがな를 써 봅시다.

100	300	600	800	900
3,000	9,000	10,000	60,000	100,000

2. 다음을 보기와 같이 부정 표현으로 써 봅시다.

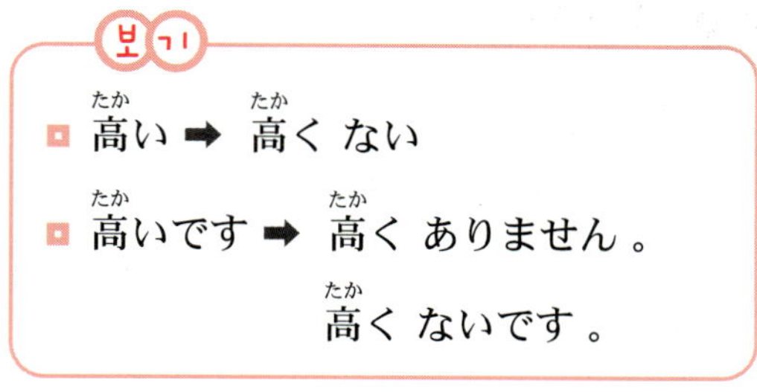

① 安い ➡

安いです ➡

② 遠い ➡

遠いです ➡

③ 暑い ➡

暑いです ➡

④ 長い ➡

長いです ➡

일본문화 알기

오본 お盆ぼん

오본(お盆, おぼん)은 매년 양력 8월 13일부터 15일 사이에 행해지는 명절로, 일본의 추석이라고 할 수 있다. 본(盆, ぼん)이란 죽은 이의 영혼을 의미하는 '우라본'이라는 불교 용어에서 유래된 것으로, 이 날에는 불교식 행사와 함께 돌아가신 조상을 맞이해 생활의 번영을 비는 일본 특유의 풍습이 행해진다. 조상의 영혼이 1년에 한 번 이승의 집을 찾아오는 날이라 하여 13일 밤에는 조상들을 집에 맞이하기 위하여 현관문 앞에서 불을 태우는 무카에비(迎え火, むかえび)를 한다. 그리고 각종 음식을 장만해 제사를 지내며 명복을 빌기도 하고 조상의 묘를 찾아가서 하카마이리(はかまいり, 성묘)를 하기도 한다. 또한, '오본'기간 동안에는 조상들을 위해 마을 남녀들이 모여 본오도리(盆踊り, ぼんおどり)라는 원무를 춘다. 현재의 '본오도리'는 종교적인 의미보다는 오락적인 성격이 더 강해졌다고 할 수 있다. 조상의 영혼을 모시는 것은 가족적인 행사지만 '본오도리'만큼은 온 마을 사람이 함께 즐기는 대동제적인 성격을 띤다.

8

映画を 見に 行きませんか

영화를 보러 가지 않겠습니까?

일상 생활에서 흔히 친구나 타인에게 사용하는 제안 표현과 이에 따른 약속·거절·승낙 표현을 익혀 봅시다. 특히, 약속 장소나 시간을 정할 때는 어떻게 말하는지 유의하면서 학습해 봅시다.

● 제안

・いっしょに 映画を 見に 行きませんか。 함께 영화를 보러 가지 않겠습니까?

● 거절

・土曜日は ちょっと 約束が あるので…。 토요일은 좀 약속이 있어서요….

・山田さんと デパートへ 買い物に 行きます。

야마다 씨와 백화점에 쇼핑하러 갑니다.

● 승낙

・日曜日は だいじょうぶです。 일요일은 괜찮습니다.

단어 익히기

다음 단어를 잘 듣고, 따라서 읽어 봅시다.

今度（こんど）	이번	ちょっと	좀	だいじょうぶだ	괜찮다
土曜日（どようび）	토요일	約束（やくそく）	약속	会う（あう）	만나다
午後（ごご）	오후	デパート	백화점	チョンノ3ガ	종로 3가
いっしょに	함께	～へ	～에, ～으로	駅（えき）	역
映画（えいが）	영화	買い物（かいもの）	쇼핑	4番（よんばん）	4번
6月 2日（ろくがつ ふつか）	6월 2일	それじゃ	그럼	出口（でぐち）	출구
すみません	미안합니다	午前（ごぜん）	오전		

● 다음 빈칸에 일본어나 우리말을 써 봅시다 ●

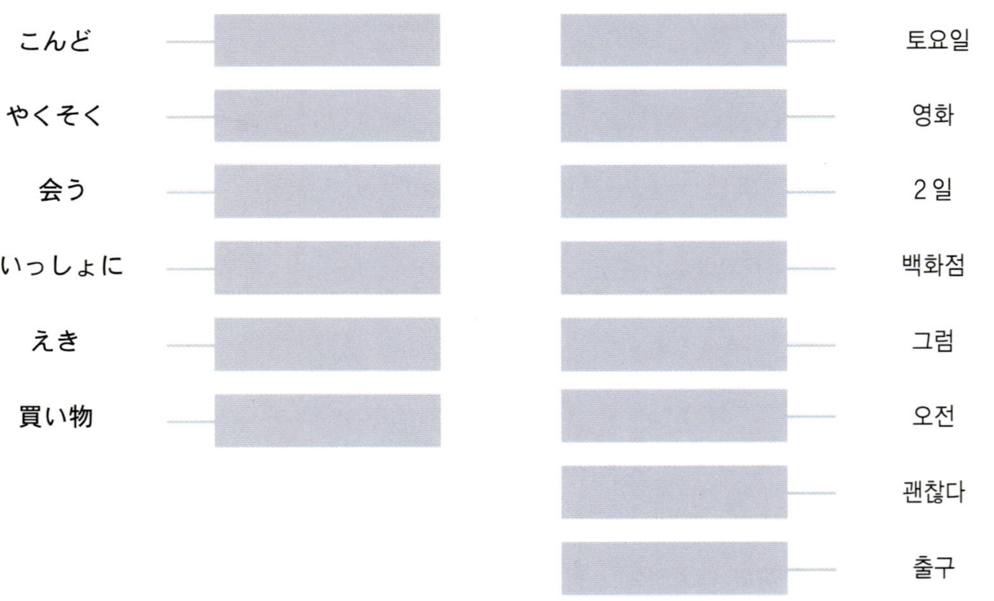

こんど	______	______	토요일
やくそく	______	______	영화
会う	______	______	2일
いっしょに	______	______	백화점
えき	______	______	그럼
買い物	______	______	오전
		______	괜찮다
		______	출구

일
어
보
기

パク　森さんは 映画が 好きですか。

もり　はい、好きですが。

パク　今度の 土曜日の 午後、いっしょに 映画を 見に 行きませんか。

もり　土曜日ですか。6月 2日ですね。すみません。

　　　土曜日の 午後は ちょっと 約束が あるので…。

　　　山田さんと いっしょに デパートへ 買い物に 行きます。

パク　それじゃ、日曜日の 午前は どうですか。

もり　日曜日は だいじょうぶです。どこで 会いましょうか。

パク　チョンノ3ガ駅の 4番の 出口で 午前 10時は どうですか。

もり　だいじょうぶです。そう しましょう。

8 영화를 보러 가지 않겠습니까?

박민수 : 모리 씨는 영화를 좋아하세요?
모　리 : 예, 좋아하는데요.
박민수 : 이번 토요일 오후, 함께 영화를 보러 가지 않을래요?
모　리 : 토요일이요? 6월 2일이군요. 미안합니다.
　　　　토요일 오후는 좀 약속이 있어서….
　　　　야마다 씨와 함께 백화점에 쇼핑하러 갑니다.
박민수 : 그럼, 일요일 오전은 어떠세요?
모　리 : 일요일은 괜찮습니다. 어디서 만날까요?
박민수 : 종로 3가역 4번 출구에서 오전 10시는 어떠세요?
모　리 : 괜찮습니다. 그렇게 합시다.

본문 헤쳐 보기

映画を 見に 行きませんか 영화를 보러 가지 않겠습니까?

パク　森さんは 映画が 好きですか。
박민수　모리 씨는 영화를 좋아하세요?

もり　はい、好きですが。
모리　예,　좋아하는데요.

パク　今度の 土曜日の 午後、いっしょに 映画を 見に 行きませんか。
박민수　이번　토요일　오후, 함께　　영화를　보러 가지 않을래요?

もり　土曜日ですか。　6月 2日ですね。 すみません。
모리　토요일이요?　　6월 2일이군요.　미안합니다.

　　　土曜日の 午後は ちょっと 約束が あるので…。
　　　토요일　오후는　좀　　약속이　있어서….

---

1. 今度の 土曜日 이번 토요일

今度는 다가오는 다음을 나타내며, '이번' '오는'의 뜻이다.

예 今度の 旅行は わたしも 行きます。　이번 여행은 저도 갑니다.

2. ~に ~하러

に가 동사의 ます형에 접속하면 동작의 목적을 나타낸다. 또한, 동작성을 나타내는 명사에도 접속하여 '~하러'의 뜻을 나타낸다. に는 이외에도 시간, 방향, 장소 등을 나타내는 용법이 있다.

예 カルビを 食べに 行きます。　갈비를 먹으러 갑니다.
　　　買い物に 行きます。　쇼핑하러 갑니다.

3. ~ませんか。 ~지 않겠습니까?

상대방에게 어떤 동작을 권할 때 사용한다. 비슷한 표현으로 ~ましょう가 있으나 상대에게 강요하는 느낌을 주므로 손윗사람에게는 잘 쓰지 않는다.

山田さんと いっしょに デパートへ 買い物に 行きます。
야마다 씨와 함께　　　　백화점에　쇼핑하러 갑니다.

パク　それじゃ、日曜日の 午前は どうですか。
박민수　그럼,　　일요일　오전은　어떠세요?

もり　日曜日は だいじょうぶです。 どこで 会いましょうか。
모리　일요일은 괜찮습니다.　　어디서　만날까요?

パク　チョンノ3ガ駅の 4番の 出口で 午前 10時は どうですか。
박민수　종로 3 가역　　4번　출구에서 오전 10시는 어떠세요?

もり　だいじょうぶです。そう しましょう。
모리　괜찮습니다.　　그렇게 합시다.

예　あした いっしょに デパートへ 行きましょう。　내일 함께 백화점에 갑시다.
예　あした いっしょに 映画館へ 行きませんか。　내일 함께 영화관에 가지 않겠어요?

4. ちょっと　약간·좀

회화체에서 주로 쓰인다. すこし(좀, 약간)와 같은 뜻이다.

예　ちょっと 高いですね。　좀 비싸군요.

5. ～へ　～에·～으로

방향을 나타내는 조사이다. へ가 조사로 쓰일 때는 발음이 [e]가 되는 것에 유의하도록 한다.
뒤에 이동을 나타내는 동사가 올 경우에는 へ대신 に도 쓸 수 있다.

예　わたしは あした 日本へ 行きます。　저는 내일 일본에 갑니다.
午後 6時に 家へ 帰ります。　오후 6시에 집에 돌아갑니다.

6. どうですか。 어떻습니까?

상대방에게 의향을 확인하거나 어떤 상태인지를 물을 때 사용하는 표현이다. 존대어로는 いかがですか 라고 한다.

> (예) こんばん いっしょに ビールでも どうですか。 오늘 밤 함께 맥주라도 어떻습니까?

7. ～(どこ)で ～(어디)에서

동작하는 장소를 나타낼 때 사용한다.

> (예) 食堂で ごはんを 食べます。 식당에서 밥을 먹습니다.

8. だいじょうぶです。 괜찮습니다・걱정 없습니다.

> (예) A：あした、行っても いいですか。 내일 가도 좋습니까?
> B：はい、だいじょうぶです。 예, 괜찮습니다.

9. ～ましょうか。 ～할까요?

동사의 ます형에 접속된다. ～ましょう(～합시다)보다는 정중한 뜻을 나타낸다.

> (예) もう 帰りましょうか。 이제 돌아갈까요?
> いっしょに 行きましょうか。 함께 갈까요?

1. ～月... ～월

1月	いちがつ
2月	にがつ
3月	さんがつ
4月	しがつ
5月	ごがつ
6月	ろくがつ
7月	しちがつ
8月	はちがつ
9月	くがつ
10月	じゅうがつ
11月	じゅういちがつ
12月	じゅうにがつ
몇 월	何月 (なんがつ)

2. ～日... ～일

1日	ついたち
2日	ふつか
3日	みっか
4日	よっか
5日	いつか
6日	むいか
7日	なのか
8日	ようか
9日	ここのか
10日	とおか
14日	じゅうよっか
20日	はつか
24日	にじゅうよっか
몇 일	何日 (なんにち)

참고

이외의 날짜는 にち로 발음된다.

- 11日 じゅういちにち
- 22日 にじゅうににち

제 풀기

1. 대화를 잘 듣고 질문에 답해 봅시다.

(1) 손님이 산 것은 무엇입니까?
　① 영화　　　　　② 야구　　　　　③ 축구　　　　　④ 농구

(2) まえだ가 마지막에 한 말로 적절한 것은 무엇입니까?
　① そう しましょう。　　　　　② わかりました。
　③ だいじょうぶです。　　　　　④ 約束が あって…。

2. 다음을 대화가 이어지도록 연결하고 말해 봅시다.

(1) A：田中さんは テニスが 好きですか。

　　B：いいえ、　　　　　　　　　　　　　　　　① 買い物に 行きます。

(2) A：土曜日に 野球を 見に

　　B：はい、そう しましょう。　　　　　　　　② ちょっと…。

(3) A：パクさん、午後 どこに 行きますか。

　　B：ええ、山田さんと　　　　　　　　　　　③ 好きでは ありません。

(4) A：午前 11時は どうですか。

　　B：ええ、　　　　　　　　　　　　　　　　④ 行きませんか。

(5) A：今週の 日曜日に 映画、どうですか。

　　B：すみません、日曜日は　　　　　　　　　⑤ だいじょうぶです。

1. 다음 숫자의 よみがな를 써 봅시다.

(1) 月

1月		7月	
2月		8月	
3月		9月	
4月		10月	
5月		11月	
6月		12月	

(2) 日

1日		8日	
2日		9日	
3日		10日	
4日		14日	
5日		20日	
6日		24日	
7日		何日	

2. 보기와 같이 に를 연결하여 '～하러'의 뜻으로 고쳐 봅시다.

보기

見る ➡ 見に | 買い物 ➡ 買い物に

① 食べる ➡

② 飲む ➡

③ 買う ➡

④ 勉強を する ➡

⑤ 研究 ➡

⑥ アルバイト ➡

일본문화알기

오쓰키미 お月見つきみ

음력 8월 15일은 우리나라에서는 추석이지만 일본에서는 쓰키미(月見, つきみ)의 날이다. 우리나라의 추석이 뜻하고 있는 가을 수확에 대한 감사의 의미는 없고, 단순히 아름다운 달을 구경한다는 뜻밖에 없다. 아름다운 中秋の明月(ちゅうしゅうの めいげつ)는 일본에서도 많은 관심의 대상이다. 이 때, 달을 보며 술을 마시면서 단고(だんご)를 먹는다. 달 속에서 토끼들이 떡을 치고 있다는 전설도 우리나라와 마찬가지다.

9

ぼくは ピビンバに します

나는 비빔밥으로 하겠습니다

음식점에서 어떤 음식을 시킬 것인지 상대의 의사를 확인하고 종업원에게 음식을 주문하는
기능을 익혀 봅시다. 특히, 물건을 셀 때의 여러 가지 조수사에 유의하면서 학습해 봅시다.

학 습 목 표

● **제안**

· 何か 食べましょうか。 뭔가 먹을까요?

● **선택**

· ピビンバと カルビタンと どちらが いいですか。
  비빔밥과 갈비탕 중에서 어느 쪽이 좋습니까?

· カルビタンの ほうが いいです。 갈비탕 쪽이 좋습니다.

· ぼくは ピビンバに します。 나는 비빔밥으로 하겠습니다.

● **주문**

· ピビンバ 1つ ください。 비빔밥 하나 주세요.

단어 익히기

다음 단어를 잘 듣고, 따라서 읽어 봅시다.

ぼく	나(남성어)	カルビタン	갈비탕	もう	이제
お腹 なか	배	どちら	어느 쪽	ビール にほん	맥주
すく	고프다	1つ ひと	하나	2本	두 병
食堂 しょくどう	식당	ほかに	그밖에		
ピビンバ	비빔밥	たのむ	부탁하다		

● 다음 빈칸에 일본어나 우리말을 써 봅시다 ●

カルビタン			나
1つ			배
もう			비빔밥
ビール			어느 쪽
たのむ			그밖에
			두 병

パク　おなかが すきました<ruby>スッキ</ruby>ね。

山田<ruby>야마다</ruby>　何か<ruby>나니</ruby> 食べ<ruby>타</ruby>ましょうか。

パク　はい、そう しましょう。何に しましょうか。

山田　そうですね。あ! あそこに 食堂<ruby>쇼꾸도-</ruby>が 見え<ruby>미</ruby>ます。入り<ruby>하이</ruby>ましょう。

(메뉴판을 보면서)

パク　山田さん、ピビンバと カルビタン<ruby>카루비탕</ruby>と どちら<ruby>도찌라</ruby>が いいですか。

山田　わたしは カルビタンの ほうが いいです。

パク　ぼくは ピビンバに します。ほかに<ruby>호까니</ruby> 何か たのみ<ruby>타노미</ruby>ますか。

山田　ぼくは もう<ruby>모-</ruby> いいです。

パク　カルビタン 1つ<ruby>히또쯔</ruby>と ピビンバ 1つ、それから、

　　　ビール<ruby>비-루</ruby>も 2本<ruby>니홍</ruby> お願い<ruby>네가</ruby>します。

店員<ruby>텡잉</ruby>　はい、かしこまりました。

9 나는 비빔밥으로 하겠습니다

박민수 : 배가 고프군요.
야마다 : 뭔가 먹을까요?
박민수 : 예, 그렇게 합시다. 뭘로 할까요?
야마다 : 글쎄요. 아! 저기에 식당이 보입니다. 들어갑시다.
(메뉴판을 보면서)
박민수 : 야마다 씨, 비빔밥과 갈비탕 중에서 어느 쪽이 좋습니까?
야마다 : 저는 갈비탕이 좋은데요.
박민수 : 나는 비빔밥으로 하겠습니다. 그밖에 뭔가 더 시킬까요?
야마다 : 난 이제 됐어요.
박민수 : 갈비탕 하나와 비빔밥 하나, 그리고, 맥주도 2병 부탁합니다.
점 원 : 예, 잘 알겠습니다.

본문 헤쳐보기

ぼくは ピビンバに します 나는 비빔밥으로 하겠습니다

パク　おなかが すきましたね。
박민수　배가　　고프군요.

山田　何か 食べましょうか。
야마다　뭔가 먹을까요?

パク　はい、そう しましょう。何に しましょうか。
박민수　예,　그렇게 합시다.　뭘로　할까요?

山田　そうですね。あ! あそこに 食堂が 見えます。入りましょう。
야마다　글쎄요.　아! 저기에　식당이　보입니다.　들어갑시다.

(메뉴판을 보면서)

パク　山田さん、ピビンバと カルビタンと どちらが いいですか。
박민수　야마다 씨, 비빔밥과　갈비탕 중에서　어느 쪽이 좋습니까?

---

1. ～に します。 ～으로 하겠습니다.

동사 する는 '어떤 동작을 하다'라는 뜻이며, 어떤 것을 선택할 때 자신의 의사를 나타내는 표현으로 쓰이기도 한다. 이 때 선택의 대상이 되는 명사에는 조사 に가 온다.

예 A : なにに しますか。 뭘로 하겠어요?
　　B : コーヒーに します。 커피로 하겠습니다.

2. すきましたね。 (배가)고프군요.

すく에 ます의 과거형인 ました가 연결되었다. 직역하면 '(배가) 비었다'의 뜻이지만 여기에서는 '고프다'의 뜻으로 쓰였다.

3. ～が 見えます。 ～가 보입니다.

見る는 타동사로 '보다'의 뜻이나, 見える는 자동사로 '보이다'의 뜻이다.

예 ここから ハンガンが 見えます。 여기에서 한강이 보입니다.

山田　わたしは カルビタンの ほうが いいです。
야마다　저는　　갈비탕이　　　　　좋은데요.

パク　ぼくは ピビンバに します。ほかに 何か たのみますか。
박민수　나는　　비빔밥으로　하겠습니다. 그밖에 뭔가 더 시킬까요?

山田　ぼくは もう いいです。
야마다　난　　이제 됐어요

パク　カルビタン 1つと ピビンバ 1つ、それから、ビールも 2本 お願いします。
박민수　갈비탕　　　하나와 비빔밥　　하나, 그리고,　맥주도　　2병 부탁합니다.

店員　はい、かしこまりました。
점원　　예,　잘 알겠습니다.

---

4. ～と ～と どちらが いいですか　～와(과) ～중에서 어느 쪽이 좋습니까?

どちらは 2개 중에서 하나를 고를 때 사용한다. 3개 이상일 때는 どれ 또는 何를 사용한다.

（예）お茶と コーヒーと どちらが いいですか。녹차와 커피 중에서 어느 쪽이 좋습니까?

5. 何か たのみますか。뭐 더 시킬까요?

かは 불확실한 것에 대해서 쓰이는 조사이다. たのむ는 '부탁하다, 시키다'의 뜻이다.

6. もう いいです。이제 됐습니다·이제 그만 하겠습니다.

여기서의 もう는 '더 이상은'이라는 의미로 사용되어 정중하게 거절할 때 쓰인다. 이외에도 もう는 '벌써, 이미'의 뜻으로도 쓰인다.

（예）もう 1時ですね。벌써 1시군요.

7. ぼく　나

거의 남성어로만 쓰이며, 격식을 차린 자리에서는 그다지 사용하지 않는다.

알아두기

1. わたくし・わたし・ぼく 저・나

わたし는 정중한 표현 또는 격식을 차린 자리에서 사용하는 1인칭 대명사이다. 이보다 더 정중한 겸양 표현을 쓸 경우에는 わたくし라고 한다. わたし는 남녀 모두 사용하지만, 남성들은 ぼく를 많이 쓴다.

2. 물건의 수 세기

우리말에서도 물건에 따라 각각 세는 방법이 다른 것처럼 일본어에서도 물건에 따라 세는 방법이 정해 져 있다. 꼭 알아두어야 할 몇 가지를 익혀 보자. (자세한 것은 부록 참조)

	고유어	～人 (にん)	～本 (ほん)
1	ひとつ	ひとり	いっぽん
2	ふたつ	ふたり	にほん
3	みっつ	さんにん	さんぼん
4	よっつ	よにん	よんほん
5	いつつ	ごにん	ごほん
6	むっつ	ろくにん	ろっぽん
7	ななつ	しちにん ななにん	ななほん
8	やっつ	はちにん	はっぽん
9	ここのつ	きゅうにん	きゅうほん
10	とお	じゅうにん	じゅっぽん じっぽん
몇	いくつ	なんにん	なんぼん
쓰임	물건을 셀 때 (하나, 둘…열)	사람	연필, 우산, 나무, 꽃 (가늘고 긴 것을 셀 때)

	〜枚 （まい）	〜杯 （はい）	〜台 （だい）
1	いちまい	いっぱい	いちだい
2	にまい	にはい	にだい
3	さんまい	さんばい	さんだい
4	よんまい	よんはい	よんだい
5	ごまい	ごはい	ごだい
6	ろくまい	ろっぱい	ろくだい
7	ななまい	ななはい	ななだい
8	はちまい	はっぱい	はちだい
9	きゅうまい	きゅうはい	きゅうだい
10	じゅうまい	じゅっぱい じっぱい	じゅうだい
몇	なんまい	なんばい	なんだい
쓰임	종이, 접시, 티셔츠, 손수건 (얇고 넓은 것을 셀 때)	커피, 주스, 맥주	라디오, TV, 피아노, 자동차, 카메라

문제 풀기

1. 대화를 잘 듣고 질문에 답해 봅시다. 

   (1) 두 사람이 들어간 곳은 어디입니까?
   ① 패스트후드점　　② 음식점　　　　③ 식품점　　　　④ 편의점

   (2) 마에다가 마신 것은 무엇입니까?
   ① コーヒー　　　② ジュース　　　③ コーラ　　　④ ワイン

2. 다음 그림을 보면서 보기와 같이 말해 봅시다. 

A : コーヒーと コーラと どちらが いいですか。

B : コーヒーに します。

A : ＿＿＿＿＿＿＿＿＿＿＿＿＿＿＿。

B : ＿＿＿＿＿＿＿＿＿＿＿＿＿＿＿。

A : ＿＿＿＿＿＿＿＿＿＿＿＿＿＿＿。

B : ＿＿＿＿＿＿＿＿＿＿＿＿＿＿＿。

A : ＿＿＿＿＿＿＿＿＿＿＿＿＿＿＿。

B : ＿＿＿＿＿＿＿＿＿＿＿＿＿＿＿。

A : ＿＿＿＿＿＿＿＿＿＿＿＿＿＿＿。

B : ＿＿＿＿＿＿＿＿＿＿＿＿＿＿＿。

정리하기

1. 다음 빈칸을 적절하게 채워 봅시다.

	① 고유어	② 〜本	③ 〜人	④ 〜枚
1	ひとつ	いっぽん	ひとり	
2				にまい
3		さんぼん		
4	よっつ		よにん	
5				ごまい
6				
7		ななほん		ななまい
8	やっつ		はちにん	
9				
10	とお			

2. 다음 동사에 〜ましょう를 연결해 봅시다.

① た
食べる
↓

② お
起きる
↓

③ み
見る
↓

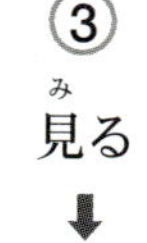

④ する
↓

⑤ い
行く
↓

일본문화 알기

센토 錢湯 せんとう

일본에서 센토(錢湯, せんとう)라고 불리우는 대중 목욕탕은 여러 가지 면에서 특이하다 할 수 있다. 오전에는 문을 열지 않으며 보통 오후 3시쯤 문을 여는 것이 관례이다. せんとう안으로 들어가 보면, 입구에 男湯, 女湯이란 한자가 쓰여져 있다. 락카룸으로 들어가면, 거기에 아주머니가 약간 높은 위치에 앉아 있다. 이곳을 반다이(番台, ばんだい)라고 하고, 여기서 요금을 지불하여 샴푸나 비누 등을 구입한다. 그런데 이 ばんだい는 남탕 락카룸과 여탕 락카룸의 양쪽을 모두 볼 수 있는 위치에 설치되어 있다. 즉, ばんだい에 앉아 있는 아주머니나 아저씨는 그 목욕탕의 주인인 경우가 많은데 락카룸에서의 각종 도난사고를 예방한다는 명목 아래, 여탕 락카룸 뿐만 아니라, 남탕 락카룸까지 자유롭게 볼 수 있게 되어 있다. 탕으로 들어가 보고 사우나를 찾아봐도 일본 대중탕에는 사우나 시설이 따로 없다. 일본에서 사우나 시설이 있는 곳은 고급 사우나탕이고 대중탕과 엄연히 구별된다. 폐점 시간이 가까워 오면 목욕탕 청소를 시작하는데, 이 때 여탕에도 남자가 들어가서 청소를 한다. 그러나 그들은 결코 탕에 있는 여성들을 쳐다보지 않고 묵묵히 청소만 한다. 일본 여성들 또한 목욕탕에서의 청소부는 남자로 보지 않고 직업인으로만 볼 뿐이다. 그러나, 요즈음은 센토가 많이 사라지고 시설이 좋은 대중 사우나가 많이 등장하고 있다.

10

とても
すばらしかったです

매우 멋있었습니다

여행을 통한 자신의 여행 소감이나 희망 등을 표현하고 음식의 맛을 표현하는 기능을 익혀 봅시다. 특히, 상태를 나타내는 い형용사의 과거형에 유의하면서 학습해 봅시다.

학 습 목 표

● **소감 묻고 대답하기**

· <ruby>別府<rt>べっぷ</rt></ruby> <ruby>旅行<rt>りょこう</rt></ruby>は どうでしたか。 벳뿌 여행은 어떠했습니까?

· とても すばらしかったです。 매우 멋있었습니다.

● **음식 맛 표현하기**

· とても おいしかったです。 매우 맛있었습니다.

● **희망 말하기**

· <ruby>一度<rt>いちど</rt></ruby> <ruby>行<rt>い</rt></ruby>って <ruby>見<rt>み</rt></ruby>たいですね。 한 번 가 보고 싶어요.

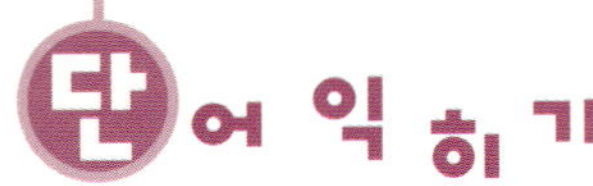

단어 익히기

다음 단어를 잘 듣고, 따라서 읽어 봅시다.

別府	벳뿌(지명)	雪景色	설경	一度	한 번
旅行	여행	食べ物	음식	～たい	～하고 싶다
すばらしい	멋지다	おいしい	맛있다	料理	요리
よい	좋다	旅館	여관	まだ	아직
露天ぶろ	노천온천	泊る	숙박하다		
入る	들어가다	親切だ	친절하다		

● 다음 빈칸에 일본어나 우리말을 써 봅시다 ●

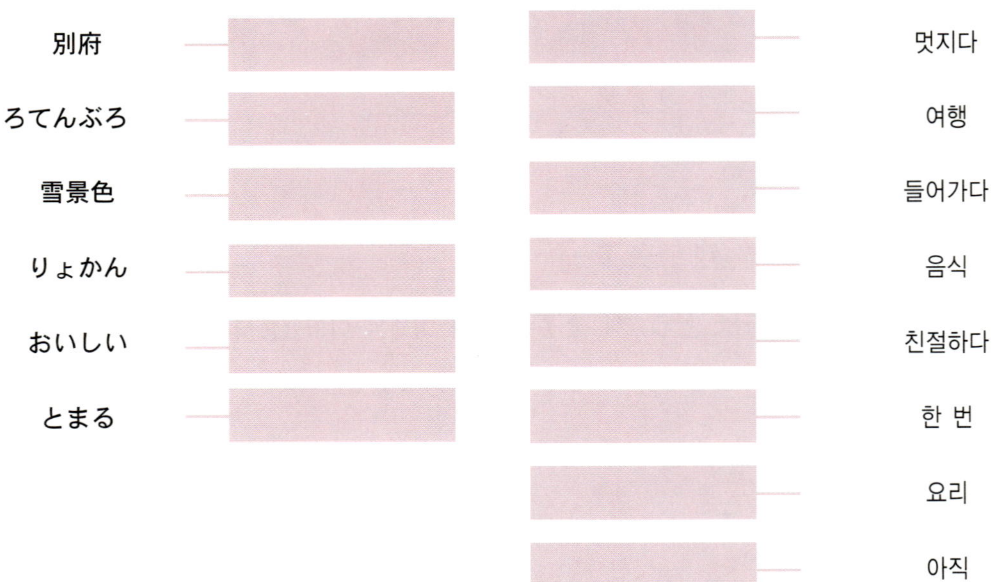

別府			멋지다
ろてんぶろ			여행
雪景色			들어가다
りょかん			음식
おいしい			친절하다
とまる			한 번
			요리
			아직

山田　パクさん、今度の 別府 旅行は どうでしたか。

パク　ええ、とても よかったですよ。 露天ぶろに 入って 見る

　　　山の 雪景色は とても すばらしかったです。

山田　食べ物は どうでしたか。

パク　食べ物も とても おいしかったです。

　　　別府の 旅館で 泊りましたが 旅館の 人も とても 親切で、

　　　料理も ほんとうに おいしかったですよ。

山田　そうですか。 ぼくも 一度 行って みたいですね。

パク　別府には まだですか。

山田　ええ、まだです。

10 매우 멋있었습니다

야마다 : 박민수 씨, 이번 벳뿌 여행은 어땠습니까?
박민수 : 예, 매우 좋았습니다.
　　　　노천 온천욕을 하며 바라보는 산의 설경은 매우 멋있었습니다.
야마다 : 음식은 어땠습니까?
박민수 : 음식도 매우 맛있었습니다.
　　　　벳뿌 여관에서 묵었습니다만, 여관 사람도 매우 친절하고,
　　　　요리도 정말로 맛있었습니다.
야마다 : 그래요? 나도 한 번 가 보고 싶네요.
박민수 : 벳뿌에는 아직 못 가 봤습니까?
야마다 : 예, 아직 못 가 봤습니다.

본문 헤쳐 보기

とても すばらしかったです 매우 멋있었습니다

山田　パクさん、今度の 別府 旅行は どうでしたか。
야마다　박민수 씨, 이번　 벳뿌 여행은 어땠습니까?

パク　ええ、とても よかったですよ。
박민수　예,　 매우　 좋았습니다.

　　　露天ぶろに 入って 見る 山の 雪景色は とても すばらしかったです。
　　　노천 온천욕을 하며　바라보는 산의 설경은 매우　 멋있었습니다.

山田　食べ物は どうでしたか。
야마다　음식은　 어땠습니까?

パク　食べ物も とても おいしかったです。
박민수　음식도　 매우　 맛있었습니다.

---

1. すばらしかったです。 멋있었습니다.

すばらしい의 과거형은 すばらしかった이고, 과거 정중형은 すばらしかったです임에 유의한다.

　예　別府の 旅行は とても すばらしかったです。 벳뿌 여행은 매우 멋있었습니다.

2. よかったです。 좋았습니다.

기본형은 よい이며, 같은 뜻으로 いい도 있다. 과거형은 반드시 よかった・よかったです라고 쓰며, 부정형도 반드시 よく ない・よく ありません으로 쓴다. 명사 수식형은 いい 人, 종지형은 いいです이다.

　예　京都は とても よかったです。 교토는 정말 좋았습니다.
　　　山田さんは ほんとうに いい 人ですね。 야마다 씨는 정말 좋은 사람이군요.

3. 露天ぶろに 入る。 노천탕에 들어가다・노천 온천욕을 하다.

직역하면 '노천탕에 들어가다'의 뜻이나 정확한 의미는 '노천 온천욕을 하다'의 의미이다. 조사 に가 쓰임에 유의한다.

別府の 旅館で 泊りましたが 旅館の 人も とても 親切で、
벳뿌 여관에서 묵었습니다만, 여관 사람도 매우 친절하고,

料理も ほんとうに おいしかったですよ。
요리도 정말로 맛있었습니다.

山田 そうですか。ぼくも 一度 行って みたいですね。
야마다 그래요? 나도 한 번 가 보고 싶네요.

パク 別府には まだですか。
박민수 벳뿌에는 아직 못 가 봤습니까?

山田 ええ、まだです。
야마다 예, 아직 못 가 봤습니다.

예 別府で 露天ぶろに 入りました。 벳뿌에서 노천 온천욕을 했습니다.

※ お風呂に 入る 목욕하다

4. 露天ぶろに 入って 노천 온천욕을 하며

入っての 기본형은 1류 동사인 入る이다. 여기에서는 入る에 て가 접속된 형태이다.

5. 親切で 친절하고・친절하며

기본형인 親切だ의 접속형은 親切で이다.

예 ゆうこさんは きれいで 親切です。 유코양은 예쁘고 친절합니다.
ゆみこさんは 親切で きれいです。 유미코양은 친절하고 예쁩니다.

6. おいしかったですよ。 **맛있었어요.**

おいしい의 과거 정중형이다. 종조사 よ는 자신의 주장을 강하게 전달하고자 할 때 쓴다.

> **예** プサンの さしみは とても おいしかったですよ。 부산의 생선회는 정말 맛있었어요.
>
> きのうの 映画は とても おもしろかったですよ。 어제 영화는 매우 재미있었어요.

7. 行って みたいですね。 **가 보고 싶군요.**

たい는 ます형에 접속되며 말하는 사람이나 상대방의 희망을 나타낸다. 희망하는 대상물에는 조사 を 대신 が가 많이 쓰인다. が를 쓸 때에는 바로 그 대상물을 취하고 싶다는 희망을 나타내며, を를 쓰는 경우는 그 상황을 원한다는 뜻이 된다. 즉, 水が のみたい는 '(마실 것 중에) 물이 마시고 싶다'는 뜻이고, 水を のみたい는 '(목이 말라서) 물을 마시고 싶다'는 뜻이 된다. 그러나 최근에는 의식 없이 양쪽을 다 사용하기도 한다.

8. 別府には まだですか。 **벳뿌에는 아직입니까?**

別府には まだ 行った ことが ありませんか(벳뿌에는 아직 간 적이 없습니까?)를 줄여서 표현한 문장이다.

1. 형용사의 활용

종류	い형용사	な형용사
기본형	安^{やす}い	親切^{しんせつ}だ
과거형	安^{やす}かった	親切^{しんせつ}だった
정중형	安^{やす}いです	親切^{しんせつ}です
과거 정중형	安^{やす}かったです	親切^{しんせつ}だったです 親切^{しんせつ}でした
접속형	安^{やす}くて	親切^{しんせつ}で

참고

い형용사의 과거 정중형은
〜でした가 아니고,
〜かったです가 됨에
유의한다.
暑^{あつ}かったです (〇)
暑^{あつ}いでした (×)

2. 〜ね와 〜よ

모두 회화체의 문장 끝에 오는 종조사이다. ね는 감탄이나 자기 주장·확인 등을 나타낼 때, 자기의 말에 대하여 상대의 동조를 구할 때에 쓰인다. 이에 비해 よ는 상대방에게 자기 주장을 강하게 전할 때 쓰인다. 그리고, ね와 よ 모두 손윗사람 앞에서는 되도록 쓰지 않는 것이 좋다.

3. 동사의 て형

동작이 순차적으로 연속될 때 쓰는 표현으로, '〜하고, 〜하여'라는 뜻이다. 어미가 ぐ·ぬ·ぶ·む인 경우에는 で가 되는 것에 유의하도록 한다.

종류	어미 형태	〜て(で)	예
1류 동사	〜く	〜いて	かく ➡ かいて
	〜ぐ	〜いで	およぐ ➡ およいで
	〜う、つ、る	〜って	あう ➡ あって　かつ ➡ かって　のる ➡ のって
	〜ぬ、ぶ、む	〜んで	しぬ ➡ しんで　あそぶ ➡ あそんで　のむ ➡ のんで
	〜す	〜して	はなす ➡ はなして
2류 동사	〜る	〜(る)て	みる ➡ みて たべる ➡ たべて
3류 동사	불규칙		くる ➡ きて する ➡ して

참고　단, 行^いくは 예외로 行^いって이다.

문제 풀기

1. 대화를 잘 듣고 질문에 답해 봅시다. 

   (1) 다나카 씨가 좋았다고 말한 것과 관계가 없는 것은 무엇입니까?
   ① 동굴　　　　　② 산　　　　　③ 바다　　　　　④ 경치

   (2) 가장 맛있었던 것은 무엇입니까?
   ① 빈대떡　　　　② 돼지고기　　　③ 생선회　　　　④ 매운탕

2. 다음 그림을 보면서 보기와 같이 말해 봅시다. 

チェジュドの さしみ
おいしい

A : チェジュドの さしみは
　　とても おいしかったですよ。
B : わたしも たべて みたいですね。

えいが
映画
おもしろい

A :
B :

ディズニーランド
たの
楽しい

A :
B :

ハンラサン
すばらしい

A :
B :

정리하기

1. 다음 형용사를 보기와 같이 고쳐 봅시다.

> 보기　　すばらしい ➡ すばらしかった
> 　　　　　　　　すばらしかったです

① 多（おお）い ➡

② 暑（あつ）い ➡

③ おいしい ➡

④ よい ➡

⑤ おもしろい ➡

2. 다음 보기와 같이 고쳐 봅시다.

> 보기
> 食（た）べる ➡ 食（た）べて みたいです。

① 飲（の）む ➡

② 書（か）く ➡

③ およぐ ➡

④ 買（か）う ➡

일본문화 알기

화산과 온천 火山かざん・温泉おんせん

일본은 화산과 온천으로 유명하다. 일본 각지에는 온천이 많으며 우리나라에서도 일본 규슈(九州, きゅうしゅう)의 벳뿌 온천이 잘 알려져 있다. 후지산 기슭의 하코네(箱根, はこね), 이즈(伊豆, いず), 아타미(熱海, あたみ)에 있는 온천도 대단히 유명하다. 자연 속에 자리잡은 로텐부로(露天風呂, ろてんぶろ)도 전국 각지에 있으며 일본 특유의 개방적인 분위기를 맛볼 수 있다. 일본인들은 오랜만에 온천을 찾으면 命(いのち)の 洗濯(せんたく)を しに 来(き)た ようだ(생명을 세탁하러 온 것 같다)라고 표현할 정도로 그 효능에 곧잘 감동한다. 그만큼 일본 온천의 효능은 세계적으로 유명하고 탁월하다. 그 이유는 화산이 많기 때문인데, 특히 휴화산이나 활화산이 많기 때문이다. 일본의 아름다움의 상징이기도 한 후지산(富士山, ふじさん)도 그 지층 깊은 곳에서는 약간의 활동을 하고 있다. 일본인들은 200년 전인, 에도(江戸, えど)시대에 폭발한 적이 있는 후지산이 더 이상 폭발하지 않고 아름다움과 온천이라는 은혜를 베풀어 주는 존재로만 남아 있기를 소원하고 있다.

11

病院は どこですか

병원은 어디입니까?

길을 물어보는 표현과 안내할 때의 위치와 방향을 설명하는 표현을 익혀 봅시다.
또한, 소요시간 등을 말하는 표현도 익혀 봅시다.

학습목표

● 길 묻기

- すみません、銀行は どこですか。 실례합니다. 은행은 어디입니까?
- すみません、病院は どう 行ったら いいですか。
  실례합니다. 병원은 어떻게 가면 될까요?

● 위치·방향

- 郵便局は 銀行の となりに あります。 우체국은 은행 옆에 있습니다.

● 소요시간

- あるいて 5分ぐらいです。 걸어서 5분 정도입니다.

단어 익히기

다음 단어를 잘 듣고, 따라서 읽어 봅시다.

ソウル	서울	左	왼쪽	よく	잘
病院	병원	銀行	은행	知る	알다
道	길	～から	～에서	知りません	모릅니다
右	오른쪽	遠い	멀다	たぶん	아마
曲がる	돌다	あまり	그다지	近く	근처
～と	～(하)면	～く ありません	～지 않습니다	後ろ	뒤
橋	다리	あるく	걷다	～と 思う	～라고 생각한다
わたる	건너다	～ぐらい	～정도, ～쯤		
まっすぐ	똑바로	薬局	약국		

다음 빈칸에 일본어나 우리말을 써 봅시다

やっきょく			알다
ちかく			건너다
みち			왼쪽
よく			오른쪽
びょういん			뒤
あるく			정도
ぎんこう			다리
まがる			그다지
まっすぐ			멀다
たぶん			

やまだ　あの、すみません。ソウル病院は どこですか。

通行人（つうこうにん）　あ、ソウル病院ですか。

この 道（みち）を 右（みぎ）に 曲（ま）がると 橋（はし）が あります。

その 橋を わたって まっすぐ 行（い）くと 左（ひだり）に 銀行（ぎんこう）が あります。

病院は その 銀行の 後（うし）ろに あります。

やまだ　ここから 遠（とお）いですか。

通行人　いいえ、あまり 遠く ありません。あるいて 5分ぐらいです。

やまだ　病院の 近（ちか）くに 薬局（やっきょく）も ありますか。

通行人　そうですね。よく 知（し）りませんが、たぶん あると 思（おも）います。

やまだ　はい、どうも ありがとうございます。

通行人　いいえ、どういたしまして。

11 병원은 어디입니까?

야마다 : 저, 실례합니다. 서울병원은 어디입니까?
통행인 : 아, 서울병원말입니까? 이 길을 오른쪽으로 돌면 다리가 있습니다.
　　　　그 다리를 건너서 똑바로 가면 왼쪽에 은행이 있습니다.
　　　　병원은 그 은행 뒤에 있습니다.
야마다 : 여기서 멉니까?
통행인 : 아니오, 그다지 멀지 않습니다. 걸어서 5분 정도입니다.
야마다 : 병원 근처에 약국도 있습니까?
통행인 : 글쎄요. 잘 모르겠습니다만, 아마 있을 겁니다.
야마다 : 예, 대단히 감사합니다.
통행인 : 아니오, 천만에요.

본문 헤쳐보기

病院は どこですか 병원은 어디입니까?

やまだ　あの、すみません。ソウル病院は どこですか。
야마다　저, 실례합니다. 서울병원은　어디입니까?

通行人　あ、ソウル病院ですか。この 道を 右に 曲がると 橋が あります。
통행인　아, 서울병원말입니까?　이　길을 오른쪽으로 돌면다리가 있습니다.

その 橋を わたって まっすぐ 行くと 左に 銀行が あります。
그　다리를 건너서 똑바로　가면　왼쪽에 은행이 있습니다.

病院は その 銀行の 後ろに あります。
병원은 그　은행　뒤에　있습니다.

やまだ　ここから 遠いですか。
야마다　여기서　멉니까?

---

1. すみません。 실례합니다.

길을 물을 때는 보통 すみません(실례합니다)이라고 상대방의 주의를 환기시킨 후 ～は どこ(どちら)ですか(～은 어디입니까?) 또는 ～は どう 行ったら いいでしょうか(～은 어떻게 가면 좋을까요?) 등으로 묻는다. すみません은 사과할 때 뿐만 아니라 상대방의 주의를 끌 때나 상대방을 부를 때도 사용한다.

2. 右に 曲がると 오른쪽으로 돌면

～とは '～면'이라는 뜻으로 조건을 나타내는 말이다.

3. 橋を わたって 다리를 건너서

わたる(건너다) + て로 연결이 되어 わたって(건너서)가 된다.

4. あまり 그다지·별로

부사로서 뒤에 부정의 뜻을 나타내는 말인 ～ない와 ～ません에 호응한다.

예) あまり たかく ない。별로 비싸지 않다.
　　あまり おもしろく ありません。별로 재미없습니다.

通行人　いいえ、あまり 遠く ありません。あるいて 5分ぐらいです。
통행인　아니오, 그다지 멀지 않습니다.　걸어서　5분 정도입니다.

やまだ　病院の 近くに 薬局も ありますか。
야마다　병원　근처에 약국도 있습니까?

通行人　そうですね。よく 知りませんが、たぶん あると 思います。
통행인　글쎄요.　　잘　모르겠습니다만, 아마　있을　겁니다.

やまだ　はい、どうも ありがとうございます。
야마다　예,　대단히 감사합니다.

通行人　いいえ、どういたしまして。
통행인　아니오, 천만에요.

---

5. 遠く ありません。 **멀지 않습니다.**

～く ありません(～지 않습니다)은 ～いです의 부정 표현이다. ～く ないです로도 쓰인다.

6. あるいて **걸어서**

あるく(걷다) + て로 연결이 되어 あるいて(걸어서)가 된다. バスでは '버스로', でんしゃでは '전철로', ちかてつでは '지하철로', ひこうきでは '비행기로'의 뜻이며, 여기서의 ～で(～로)는 수단이나 방법을 나타낸다.

7. 5分ぐらいです。 **5분 정도입니다.**

5分ぐらい かかります(5분 정도 걸립니다)로 써도 같은 뜻이 된다.

8. よく 知りません。 **잘 모르겠습니다.**

知る는 1류 동사로서, 부정 표현은 知りません(모릅니다,모르겠습니다)이 된다.

알아두기

1. 길을 안내하는 표현

まっすぐ いく

똑바로 가다

ひだりに まがる

왼쪽으로 돌다

みぎに まがる

오른쪽으로 돌다

2. 이동을 나타내는 표현

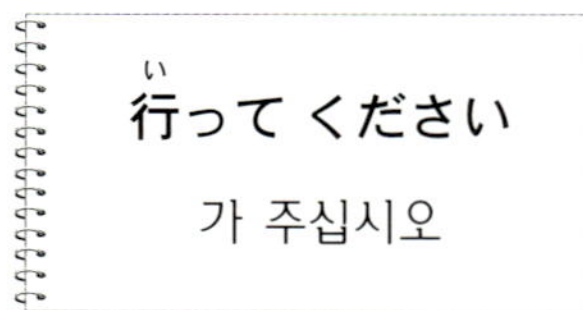

行って ください

가 주십시오

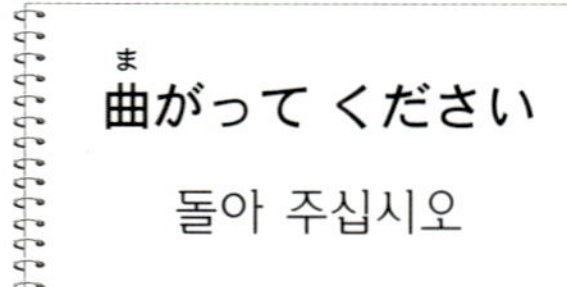

曲がって ください

돌아 주십시오

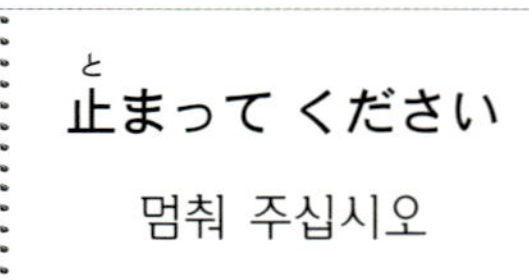

止まって ください

멈춰 주십시오

3. 길 안내에 도움이 되는 표현

4. ～分（ふん・ぷん）… ～분

1分	2分	3分	4分	5分
いっぷん	にふん	さんぷん	よんぷん	ごふん
6分	7分	8分	9分	10分
ろっぷん	ななふん	はっぷん	きゅうふん	じっぷん じゅっぷん
20分	30分	40分	50分	何分
にじゅっぷん	さんじゅっぷん	よんじゅっぷん	ごじゅっぷん	なんぷん

5. ～と

A라는 상황에서는 B라는 것이 필연적으로 일어날 때, 현실의 구체적인 사실을 말할 때 쓰며, 어떤 상태가 됐을 때 곧 이어 또 하나의 사태가 생기거나 이미 발생했을 때에도 쓴다.

예 春に なると 花が さきます。 봄이 되면 꽃이 핍니다.

まっすぐ 行くと 駅が あります。 곧장 가면 역이 있습니다.

スイッチを おすと 電気が つきます。 스위치를 누르면 전기불이 들어옵니다.

문제 풀기

1. 대화를 잘 듣고 질문에 답해 봅시다.

   (1) 어디로 가는 길을 묻고 있습니까?
   ① 은행　　　　② 병원　　　　③ 학교　　　　④ 우체국

   (2) 은행의 위치는 어디입니까?
   ① 우체국 뒤　　　② 병원 옆　　　③ 우체국 옆　　　④ 병원 앞

2. 다음 그림을 보고 보기와 같이 말해 봅시다.

보기

A : すみません、病院は どう
　　行ったら いいですか。

B : この 道を みぎに まがると
　　右に あります。

① A : すみません、郵便局は どこですか。
　 B :

② A : すみません、銀行は どこですか。
　 B :

③ A : すみません、学校は どこに ありますか。
　 B :

④ A : すみません、スーパーは どう 行ったら いいですか。
　 B :

1. 다음 그림에 해당하는 표현을 빈칸에 써 봅시다.

① ② ③

___________ ___________ に ___________ に

いって ください。　まがって ください。　まがって ください。

2. 다음 그림을 보고 빈칸에 알맞은 말을 써 봅시다.

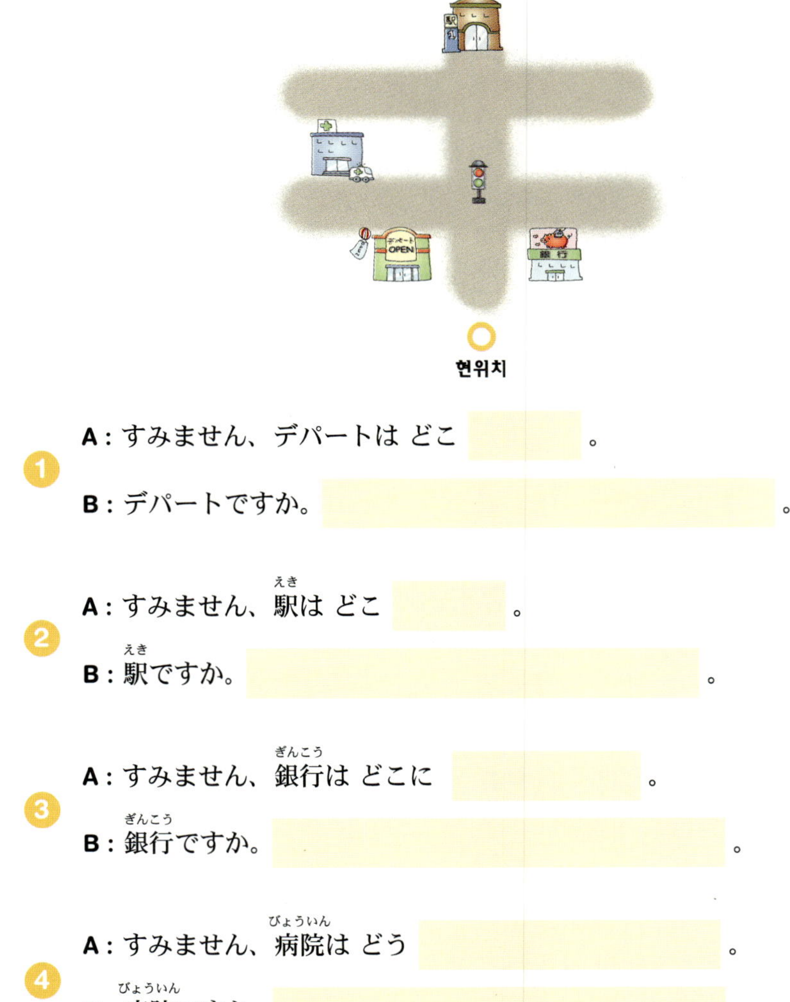

현위치

A : すみません、デパートは どこ ___________ 。

①

B : デパートですか。 ___________ 。

A : すみません、駅は どこ ___________ 。
　　えき

②

B : 駅ですか。 ___________ 。
　　えき

A : すみません、銀行は どこに ___________ 。
　　　　　　　ぎんこう

③

B : 銀行ですか。 ___________ 。
　　ぎんこう

A : すみません、病院は どう ___________ 。
　　　　　　　びょういん

④

B : 病院ですか。 ___________ 。
　　びょういん

일본문화 알기

오쇼가쓰 お正月しょうがつ

일본인은 신정을 지낸다. 그래서 오쇼가쓰(お正月, おしょうがつ)이라고 하면 신정을 뜻하며 구정은 旧正月(きゅうしょうがつ)라 부른다. 요즘은 구정을 쇠는 집이 거의 없다. 12월 31일을 오미소카(大晦日, おおみそか)라고 하여 이날밤 전국 각지의 절에서는 除夜(じょや)의 종이 울린다. 우리나라에서는 종을 33번 치나, 일본에서는 108번을 친다. 이것은 108 번뇌를 제거한다는 뜻이 담겨져 있다. 제야의 종소리를 들은 후 일본인들은 절이나 진자(神社, じんじゃ)에 하쓰모데(はつもうで, 참배)를 하러 간다.

신정날 아침에는 오조니(おぞうに, 일본식 떡국)를 먹고, 오토소(おとそ, 정월 술)를 마신다. 그 이후 친척집으로 다니며 お年始(ねんし)라는 새해 인사를 하고 오토시다마(おとしだま, 세배돈)를 받기도 한다. 1월 3일까지를 三が日(さんがにち)라고 하여 새해 인사는 이 기간에 마치는 것이 좋다고 인식되어 있다. 그리고 1월 7일까지를 松の内(まつのうち)라고 하여 신정 기간으로 삼는다. 회사는 5일 정도까지 쉬는 곳이 많고, 학교는 보통 8일부터 3학기가 시작된다.

12

日本へ 旅行した ことが ありますか

일본에 여행한 적이 있습니까?

여행한 경험에 관한 표현과 희망을 나타내는 표현을 익혀 봅시다.
특히, 가능 표현을 나타내는 방법과 동사의 과거형에 유의하면서 익혀 봅시다.

학 습 목 표

● **경험**

· 日本へ 行った ことが ありますか。 일본에 간 적이 있습니까?
· 一度も 行った ことが ありません。 한 번도 간 적이 없습니다.

● **희망**

· 日本へ 行きたいです。 일본에 가고 싶습니다.

● **가능**

· テニスが できます。 테니스를 칠 수 있습니다.

● **동사의 과거형**

· きのう おもしろい えいがを 見た。 어제 재미있는 영화를 봤다.

단어 익히기

다음 단어를 잘 듣고, 따라서 읽어 봅시다.

～た ことが ある	～한 적이 있다	けしき 景色	경치
とうきょう 東京	도쿄(일본의 수도)	でんしゃ 電車	전철
にぎやかだ	복잡하다, 번화하다	ひがえ 日帰り	당일치기
ところで	그런데	ぜひ	꼭
にっこう 日光	닛코(지명)		

● 다음 빈칸에 일본어나 우리말을 써 봅시다 ●

けしき			도쿄
ひがえり			전철
ぜひ			그런데
にぎやかだ			

もり　イーさん、日本へ 旅行した ことが ありますか。

イー　はい、東京へ 一度 行った ことが あります。

もり　あ、そうですか。東京は とても にぎやかですね。

　　　ところで、日光へは 旅行した ことが ありますか。

イー　いいえ、まだ 一度も 行った ことが ありません。

もり　日光は 景色が とても すばらしいですよ。

イー　東京から 遠いですか。

もり　いいえ、あまり 遠く ありません。

　　　電車で 日帰り できます。

イー　あ、そうですか。

　　　ぜひ 行きたいですね。

12 일본에 여행한 적이 있습니까?

모　리 : 이미라 씨, 일본에 여행한 적이 있습니까?
이미라 : 예, 도쿄에 한 번 간 적이 있습니다.
모　리 : 아, 그렇습니까? 도쿄는 아주 번화하지요.
　　　　 그런데, 닛코에는 여행한 적이 있습니까?
이미라 : 아니오, 아직 한 번도 간 적이 없습니다.
모　리 : 닛코는 경치가 아주 멋지지요.
이미라 : 도쿄에서 멉니까?
모　리 : 아니오, 그다지 멀지 않습니다.
　　　　 전철로 당일치기할 수 있습니다.
이미라 : 아, 그렇습니까? 꼭 가고 싶군요.

 본문 헤쳐 보기

日本へ 旅行した ことが ありますか 일본에 여행한 적이 있습니까?

もり イーさん、日本へ 旅行した ことが あります。
모리　이미라 씨, 일본에 여행한　적이　있습니까?

イー はい、東京へ 一度 行った ことが あります。
이미라　예,　도쿄에 한 번 간　적이　있습니다.

もり あ、そうですか。東京は とても にぎやかですね。
모리　아, 그렇습니까? 도쿄는 아주　번화하지요.

どころで、日光へは 旅行した ことが ありますか。
그런데,　닛코에는 여행한　적이　있습니까?

---

1. 旅行した ことが あります。 **여행한 적이 있습니다.**

〜た ことが ある/ない (〜한 적이　있다/없다)는 과거에 어떤 행위를 한 경험에 대해 말할 때 쓰는 표현이다.

예） アメリカへ 行った ことが ありますか。 미국에 간 적이 있습니까?
　　まだ 一度も 行った ことが ありません(=ないです)。 아직 한 번도 간 적이 없습니다.

2. とても にぎやかですね。 **아주 번화하지요.**

にぎやかだ는 '번화하다, 북적거리다, 복잡하다, 활기차다' 등의 뜻으로 쓰이며, 반대말은 しずかだ (조용하다)이다.

3. 日光へは **닛코에는**

へ는 조사로 쓰일 때는 [e]로 발음한다. 동작의 방향, 장소의 용법으로 쓰일 때는 '〜에, 〜(으)로'의 뜻이며, 대상의 경우에는 '〜에게'의 뜻이다.

예） 日本へ 行きます。 일본에 갑니다.
　　これは 友だちへの 手紙です。 이것은 친구에게 보내는 편지입니다.

イー　　いいえ、まだ 一度も 行った ことが ありません。

이미라　아니오, 아직 한 번도 간　　적이　없습니다.

もり　　日光は 景色が とても すばらしいですよ。

모리　　닛코는 경치가 아주　멋지지요.

イー　　東京から 遠いですか。

이미라　도쿄에서　멉니까?

もり　　いいえ、あまり 遠く ありません。電車で 日帰り できます。

모리　　아니오, 그다지 멀지 않습니다.　전철로　당일치기할 수 있습니다.

イー　　あ、そうですか。ぜひ 行きたいですね。

이미라　아, 그렇습니까?　꼭　가고 싶군요.

4. 電車で 日帰り できます。 **전철로 당일치기할 수 있습니다.**

電車는 전철, 地下鉄는 지하철, 列車는 열차(기차)를 말한다. できる(~을(를) 할 수 있다)는 가능 표현으로서 그 대상적 존재를 나타내는 격조사는 が(을/를)를 써야 한다. 여기서는 が를 생략했다. ~が できる의 정중한 표현은 ~が できます이고, 부정 표현은 ~が できません으로 나타낸다.

5. ~で ~로

여기서의 で(~로)는 '수단'의 용법으로 쓰인다.

(예) わたしは バスで 学校へ 行きます。 나는 버스로 학교에 갑니다.

6. 行きたいです。 **가고 싶습니다.**

「동사의 ます형 + たい」는 '~하고 싶다'의 뜻으로 희망이나 욕망을 나타낼 때 쓰는 표현이다.

(예) ビールが 飲みたいです。 맥주를 마시고 싶습니다.

慶州に 遊びに 行きたいです。 경주에 놀러 가고 싶습니다.

알아두기

1. 경험 표현

□ **~た(だ) ことが ある/ない** : ~한 적(일)이 있다/없다 … 과거의 경험

예 日本へ 旅行した ことが あります。 일본에 여행한 적이 있습니다.

私は 会社を 休んだ ことが ありません。 나는 회사를 쉰 적이 없습니다.

> ※ 동사의 기본형에 ことが ある가 접속하면 '(어떤 행동을) ~할 기회가 있다,
> ~하는 적(일)이 있다'는 의미로 일반적인 경우를 뜻한다.
>
> 私は ときどき 学校まで 歩いて 行く ことが あります。
>
> 나는 때때로 학교까지 걸어갈 때가 있습니다.

2. 동사의 과거형 … た형

て형과 같은 어미 변화가 일어난다.

종류	어미 형태	~た(だ)	예
1류 동사	~く	~いた	書く ➡ 書いた
	~ぐ	~いだ	泳ぐ ➡ 泳いだ
	~う、つ、る	~った	会う ➡ 会った　立つ ➡ 立った　乗る ➡ 乗った
	~ぬ、ぶ、む	~んだ	死ぬ ➡ 死んだ　遊ぶ ➡ 遊んだ　飲む ➡ 飲んだ
	~す	~した	話す ➡ 話した
2류 동사	~る	(る를 탈락시킨다) ~た	見る ➡ 見た　食べる ➡ 食べた
3류 동사	불규칙		来る ➡ 来た　する ➡ した

참고 단, 行くと는 예외로 行った이다.

알아두기

3. 가능 표현

□ **명사 + ~が できる**

> 〔예〕 日本語が できる。 일본어를 할 수 있다.
>
> スキーが できる。 스키를 탈 수 있다.
>
> テニスが できる。 테니스를 칠 수 있다.

□ **동사의 기본형 + ことが できる**

> 〔예〕 書く ➡ 書く ことが できる 쓸 수 있다
>
> 食べる ➡ 食べる ことが できる 먹을 수 있다
>
> 来る ➡ 来る ことが できる 올 수 있다

□ **동사의 ない형 + れる/られる … 가능 의미의 조동사**

> 〔예〕 書く ➡ 書かれる 쓸 수 있다
>
> 食べる ➡ 食べられる 먹을 수 있다
>
> 来る ➡ 来られる 올 수 있다
>
> する ➡ できる 할 수 있다

□ **가능 동사**

1류 동사(u 동사, 5단 동사)의 기본형인 う단을 え단으로 고치고 る를 붙이면 '~할 수 있다'
라는 의미를 가진 2류 동사(ru 동사, 1단 동사)가 된다.

> 〔예〕 行く ➡ 行ける 갈 수 있다
>
> 読む ➡ 読める 읽을 수 있다
>
> 話す ➡ 話せる 말할 수 있다
>
> 待つ ➡ 待てる 기다릴 수 있다

문제 풀기

1. 대화를 잘 듣고 질문에 답해 봅시다.

   (1) 어떤 스포츠를 봤습니까?
      ① 야구　　　　　　② 스모　　　　　③ 축구　　　　　④ 테니스

   (2) 내용은 어떻습니까?
      ① 재미없다　　　　② 좋아한다　　　③ 재미있다　　　④ 싫어한다

2. 다음 보기와 같이 말해 봅시다.

> **보기**
> A : 東京へ 行った ことが ありますか。
> B : ・はい、行った ことが あります。
> 　　・いいえ、まだ 一度も 行った ことが ありません。

① A : 日本の えいがを 見た ことが ありますか。

　 B : ＿＿＿＿＿＿＿＿＿＿＿＿＿＿＿＿＿＿。

　　 ＿＿＿＿＿＿＿＿＿＿＿＿＿＿＿＿＿＿。

② A : 日本人と 日本語で 話した ことが ありますか。

　 B : ＿＿＿＿＿＿＿＿＿＿＿＿＿＿＿＿＿＿。

　　 ＿＿＿＿＿＿＿＿＿＿＿＿＿＿＿＿＿＿。

③ A : 日本語で 手紙を 書いた ことが ありますか。

　 B : ＿＿＿＿＿＿＿＿＿＿＿＿＿＿＿＿＿＿。

　　 ＿＿＿＿＿＿＿＿＿＿＿＿＿＿＿＿＿＿。

④ A : ホームページを 作った ことが ありますか。

　 B : ＿＿＿＿＿＿＿＿＿＿＿＿＿＿＿＿＿＿。

　　 ＿＿＿＿＿＿＿＿＿＿＿＿＿＿＿＿＿＿。

정리하기

1. 다음 동사를 보기와 같이 「て」「た」「たり」형으로 바꾸어 써 봅시다.

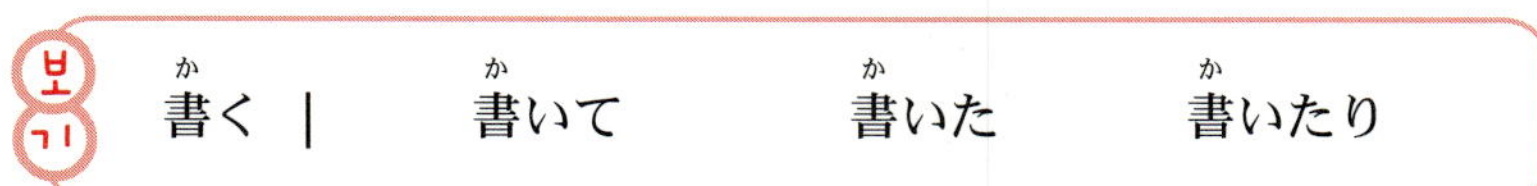

<table>
<tr><td>보기</td><td>書く |</td><td>書いて</td><td>書いた</td><td>書いたり</td></tr>
</table>

① 休む

② 遊ぶ

③ する

④ 食べる

⑤ 買う

⑥ 入る

2. 다음 동사를 보기와 같이 가능 표현으로 바꾸어 써 봅시다.

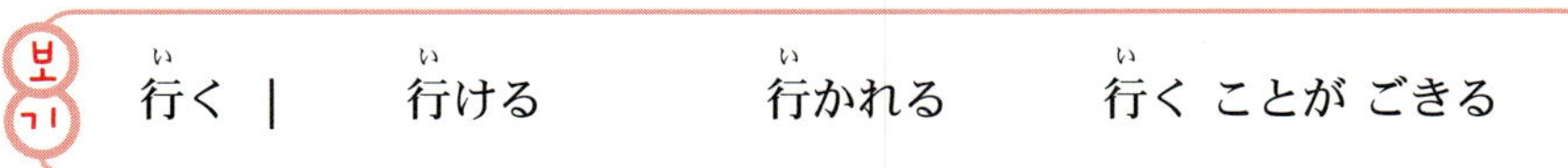

<table>
<tr><td>보기</td><td>行く |</td><td>行ける</td><td>行かれる</td><td>行く ことが ごきる</td></tr>
</table>

① 飲む

② 使う

③ 食べる

④ 来る

⑤ 泳ぐ

⑥ 話す

145

일본 문화 알기

연하장 年賀状 ねんがじょう

새로운 해가 시작될 때 연하장을 보내는 일은 우리나라와 같다. 우리나라에서는 연하장 보내기가 점차 감소하는 추세이지만, 일본은 한 해를 시작하는 인사로서 연하장이 갖고 있는 비중이 아직 크다고 할 수 있다. 우리나라에서는 연하장용 카드로 보내지만, 일본에서는 보통 연하장용 엽서인 넨가하가키(年賀はがき, ねんがはがき)를 많이 보낸다. 그리고 연하장은 보통 1월 1일(元旦, がんたん)이후에 도착되도록 하고 있다. 왜냐하면 연하장에 쓰는 문구인 開(あ)けまして おめでとうございます(새해 복 많이 받으세요)가 1월 1일 이후에 사용하는 인사말이기 때문이다. 신정 때에는 연하장의 관리 때문에 일본 전국의 우체국은 마비 상태가 되고, 이 때 다른 우편물은 1~2주 정도 도착이 늦어지는 것이 보통이다. 참고로, 12월 말경에 쓰는 인사말은 よい お年(とし)を お迎(むか)えください(좋은 새해를 맞이하세요)라고 한다.

山田さんの お宅ですか

야마다 씨 댁입니까?

전화를 걸 때, 자신을 밝히는 표현과 찾는 사람을 정중하게 부탁하는 표현을 익혀 봅시다. 또한, 전화를 받을 때 사용하는 표현도 잘 익혀 봅시다.

학 습 목 표

● **전화를 걸 때**

- やまださんの お宅ですか。 야마다 씨 댁입니까?
- わたしは もりと もうしますが。 저는 모리라고 합니다만.
- パクさんは いらっしゃいますか。 박민수 씨 계십니까?
- イーさんを おねがいします。 이미라 씨를 부탁합니다.

● **전화를 받을 때**

- しょうしょう お待ちください。 잠시 기다려 주십시오.

● **전화를 끊을 때**

- どうも すみません。 대단히 죄송합니다.
- しつれいします。 실례했습니다.

단어 익히기

다음 단어를 잘 듣고, 따라서 읽어 봅시다.

일본어	우리말	일본어	우리말
お宅	댁	ごろ	무렵, ～ 경
申す	말씀드리다(言う의 겸양어)	思う	생각하다
いらっしゃる	계시다(いる의 존경어)	では	그럼
外出する	외출하다	また	또한
おる	있다(いる의 겸양어)	あとで	나중에
いつ	언제	電話する	전화하다
帰る	돌아오(가)다	失礼する	실례하다
お帰り	돌아오심		

● 다음 빈칸에 일본어나 우리말을 써 봅시다 ●

おたく			전화
しつれい			언제
がいしゅつ			그럼
かえる			또한
あとで			계시다
おもう			말씀드리다
ごろ			

パク　　　　もしもし、山田さんの お宅ですか。

ひろしの母　はい、そうです。

パク　　　　わたしは 韓国の パクと 申しますが、

　　　　　　山田 ひろしさん、いらっしゃいますか。

ひろしの母　すみませんが、今は 外出して おります。

パク　　　　あ、そうですか。いつ お帰りですか。

ひろしの母　6時ごろには 帰ると 思いますが。

パク　　　　そうですか。じゃあ、また お電話します。

ひろしの母　どうも すみません。

パク　　　　失礼します。

13 야마다 씨 댁입니까?

박민수　　　：여보세요, 야마다 씨 댁입니까?
히로시 엄마 ：예, 그렇습니다.
박민수　　　：저는 한국의 박민수라고 합니다만, 야마다 히로시 씨, 계십니까?
히로시 엄마 ：미안합니다만, 지금은 외출했습니다.
박민수　　　：아, 그렇습니까? 언제 돌아오십니까?
히로시 엄마 ：6시 경에는 돌아올거예요.
박민수　　　：그렇습니까? 그럼, 또 전화드리겠습니다.
히로시 엄마 ：대단히 죄송합니다.
박민수　　　：실례했습니다.

본문 헤쳐 보기

山田さんの お宅ですか 야마다 씨 댁입니까?

| パク | もしもし、山田さんの お宅ですか。 |
| 박민수 | 여보세요, 야마다 씨 댁입니까? |

| ひろしの母 | はい、そうです。 |
| 히로시 엄마 | 예, 그렇습니다. |

| パク | わたしは 韓国の パクと 申しますが、山田 ひろしさん、いらっしゃいますか。 |
| 박민수 | 저는 한국의 박민수라고 합니다만, 야마다 히로시 씨, 계십니까? |

| ひろしの母 | すみませんが、今は 外出して おります。 |
| 히로시 엄마 | 미안합니다만, 지금은 외출했습니다. |

---

1. もしもし 여보세요

우리말의 '여보세요'는 전화할 때나 상점에서 주인을 부를 때 등 다양하게 사용되지만, 일본어의 も しもし는 주로 전화할 때만 쓴다. 상점에서 점원에게 말을 걸 때에는 **すみません**이라고 한다.

2. パクと 申しますが、박민수라고 합니다만,

전화를 걸 때 자신을 먼저 소개하는 표현이며, ～です(～입니다), ～と いいます(～라고 합니다), ～と もうします(～라고 합니다) 등의 표현을 쓴다. **韓国の의 の**는 '한국'이라는 출신을 나타낸다.

3. 山田 ひろしさん、いらっしゃいますか。야마다 히로시 씨 계십니까?

전화를 걸어서 상대방을 찾을 때는 ～さん、いらっしゃいますか(～씨, 계십니까?) 또는 ～さんを おね がいします(～씨를 부탁합니다)라는 표현을 쓴다. いらっしゃる(계시다)는 いる(있다)의 존경어이며, 「いらっしゃる＋ます」의 형태가 いらっしゃいます(계십니다)가 된 것이다. 이것은 「동사의 ます형 ＋ ます」 즉, ～ります가 ～います로 변하여 쓰인다. 이와 같이 변하는 동사로는 おっしゃる(말씀하시다), なさる(하시다), くださる(주시다), ござる(있다) 등이 있다.

4. 外出して おります。외출했습니다.

外出して おります는 外出して います의 겸양 표현이지만, 해석은 '외출했습니다'로 마찬가지이다.

パク	あ、そうですか。いつ お帰りですか。
박민수	아, 그렇습니까?　언제 돌아오십니까?
ひろしの母	6時ごろには 帰ると 思いますが。
히로시 엄마	6 시 경에는　돌아올거예요.
パク	そうですか。じゃあ、また お電話します。
박민수	그렇습니까?　그럼,　또　전화드리겠습니다.
ひろしの母	どうも すみません。
히로시 엄마	대단히　죄송합니다.
パク	失礼します。
박민수	실례했습니다.

같은 표현으로 出かけて います(おります)가 잘 쓰인다.

5. いつ お帰りですか。 언제 돌아오십니까?

いつ 帰りますか(언제 돌아옵니까?)의 존경 표현으로,「존경의 접두어 お + 동사의 ます형 +です」
의 형태로 쓰인다.

> 예　いつ 読みますか。(언제 읽습니까?) ➡ いつ お読みですか。(언제 읽으십니까?)

6. 6時ごろには 帰ると 思いますが、6시 경에는 돌아올 거예요,

～と 思います는 '생각하다'의 뜻보다는 '～라고 느낀다, ～인 것 같다'의 뜻으로 많이 쓰이며, 부드
러운 단정 표현이라고 말할 수 있다.

> 예　田中さんは もうすぐ 来ると 思います。 다나카 씨는 이제 곧 올 겁니다.

7. また お電話します。 또 전화드리겠습니다.

「お + 동사의 ます형 + する」의 형태로 '～해 드리다'란 뜻의 가장 일반적인 겸양 표현이라고 할 수
있다. 더 공손한 표현은 「お + 동사의 ます형 + いたす」라고 한다.

예 お客さんの お荷物は 私が お持ちします。 손님의 짐은 제가 들어 드리겠습니다.

8. 경어 표현

(1) 존경 표현

말하는 사람이 상대방이나 화제의 인물, 또는 그 동작에 대해서 존경의 뜻을 나타내는 표현이다.

> お + 동사의 ます형 + に なる ➡ ~하시다

예 いつ 日本に お帰りに なりますか。 언제 일본에 돌아가십니까?

この 本は 山田さんが お書きに なりました。 이 책은 야마다 씨가 쓰셨습니다.

존경동사	いらっしゃる(가시다・오시다・계시다) … 行く、来る、いる의 존경어
	なさる(하시다) … する의 존경어　　　くださる(주시다) … くれる의 존경어
	おっしゃる(말씀하시다) … 言う의 존경어
	めしあがる(잡수시다・드시다) … 食べる、飲む의 존경어

(2) 겸양 표현

상대방에 대하여 자기 자신과 관련된 사람의 호칭이나 태도 등을 스스로 낮추어 나타내는 겸손한 말씨로, 자신을 낮춤으로써 간접적으로 듣는 사람이나 화제의 인물, 또는 상태나 동작을 높이는 표현이다.

> お + 동사의 ます형 + する(いたす) ➡ ~해 드리다

예 わたしが かばんを お持ちします。 제가 가방을 들어 드리겠습니다.

わたしが お手伝いします。 제가 도와 드리겠습니다.

겸양동사	おる … いる의 겸양어　　　まいる … 行く、来る의 겸양어
	いたす … する의 겸양어　　　いただく … 食べる、飲む、もらう의 겸양어

(3) 정중 표현

말씨를 공손하게 하여 듣는 사람에게 정중한 뜻을 나타내는 표현으로 화제의 인물을 높이거나 자신을 낮추는 표현과는 관계없이 보통체에 대응하는 です체와 ます체를 말한다.

알아두기

1. 전화상의 공손한 표현

예사 표현		공손한 표현
もりの 家ですか。	➡	もりさんの お宅ですか。 모리 씨 댁입니까?
もり、いますか。	➡	もりさん、いらっしゃいますか。 모리 씨, 계십니까?
いつ 来ましたか。	➡	いつ いらっしゃいましたか。 언제 오셨습니까?
何時ごろ 帰りますか。	➡	何時ごろ お帰りですか。 몇시 경에 돌아오십니까?
何を しますか。	➡	何を なさいますか。 무엇을 하십니까?
私は キムミンスです。	➡	私は キムミンスと 申します。 저는 김민수라고 합니다.

2. 전화번호를 말할 때

☐ 032-987-1465입니다.

➡ ゼロ さん にの きゅう はち ななの いち よん ろく ごです。

3. 때를 나타내는 말

日		週		月		年	
おととい	그저께	先々週	지지난주	先々月	지지난달	おととし	재작년
きのう	어제	先週	지난주	先月	지난달	去年・昨年	작년
今日	오늘	今週	이번주	今月	이번달	今年	금년
明日・あす	내일	来週	다음주	来月	다음달	来年	내년
あさって	모레	再来週	다다음주	再来月	다다음달	再来年	내후년
しあさって	글피	毎週	매주	毎月	매달	毎年	매년
毎日	매일						

문제풀기

1. 대화를 잘 듣고 질문에 답해 봅시다. 

   (1) 누가 전화를 했습니까?
   ① 모리　　　　② 야마다　　　　③ 다나카　　　　④ 하야시

   (2) 어디서 만나기로 했습니까?
   ① 도서관 앞　　　② 역 앞　　　③ 학교 앞　　　④ 백화점 앞

   (3) 몇 시에 만나기로 했습니까?
   ① 1시　　　　② 2시　　　　③ 3시　　　　④ 4시

2. 다음 그림을 보고 보기와 같이 말해 봅시다. 

やまだ ➡ パク

A : もしもし、やまだ ですが、パク さんを おねがいします。
B : はい、しょうしょう お待ちください。

① **もり ➡ たなか**

A : もしもし、　　　 ですが、　　　 さんを おねがいします。

② **キム ➡ さとう**

A : もしもし、　　　 ですが、　　　 さんを おねがいします。

③ **イー ➡ はやし**

A : もしもし、　　　 と 申しますが、　　　 さん、いらっしゃいますか。

④ **りか ➡ あゆみ**

A : もしもし、　　　 と 申しますが、　　　 さん、いらっしゃいますか。

1. 다음 번호를 읽고, 일본어로 써 봅시다.

①
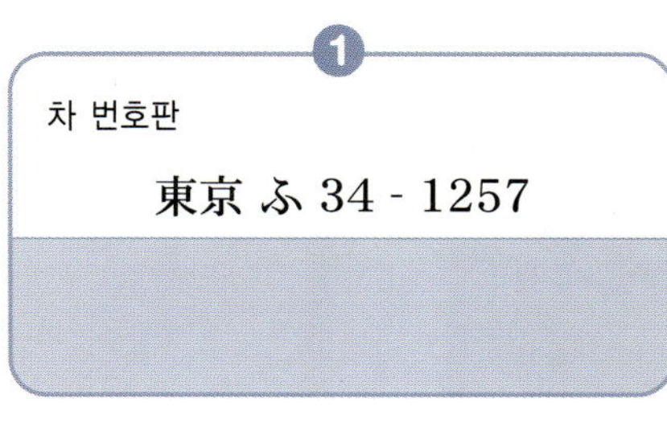

②
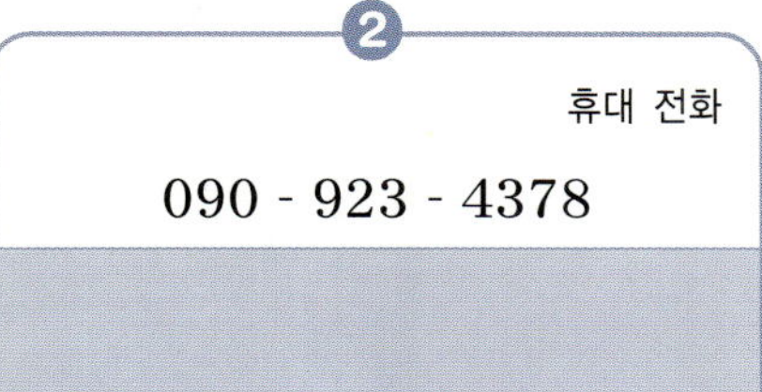

③
우편 번호

310 - 4512

④
팩스 번호

03 - 5432 - 9876

⑤
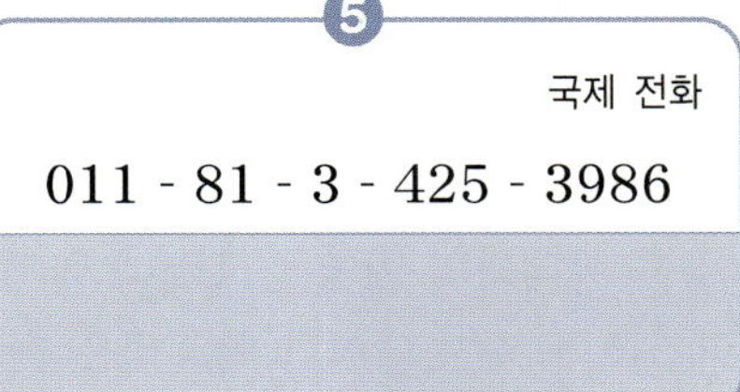

2. 다음 표현을 일본어로 써 봅시다.

① 또 전화드리겠습니다.

② 선생님께 안부 잘 전해 주십시오.

③ 몇 시쯤 돌아오십니까?

④ 선생님 계십니까?

⑤ 여보세요, 유리 씨 댁입니까?

일본 문화 알기

결혼식 結婚式 けっこんしき

보통 결혼 상대와의 만남은 중매나 연애로 이루어지고 있다. 우리나라에서는 결혼을 약속하면 친척들을 초대하고 약혼식을 하지만 일본에서는 양가 부모들만 참석한 가운데 유이노(結納, ゆいのう)라는 간소화한 약혼식을 올린다. 우리나라에서는 결혼할 때 신랑은 보통 집을 준비하고 신부는 여러 혼수 준비를 하는 것이 관례이지만, 일본에서는 누가 무엇을 준비하든 간에 최소한의 살림만 준비하여 결혼 생활을 시작한다. 그리고, 결혼식에 초대할 사람들에게는 미리 초대장을 보내며, 초대장에는 답신용 엽서가 붙어 있어서 결혼식에 참가할 수 있는지 여부를 신랑·신부 측에 보내어 알려 주도록 되어 있다. 또한, 결혼식의 혼례는 신도식(神道式), 기독교식(基督教式)등 여러 가지가 있지만 각자의 종교와는 상관없이 교회나 성당에서 결혼식을 올리고 싶으면 기독교도가 아니더라도 할 수 있다. 일본에서는 결혼식 다음에 피로연이 열리는데 거기서 참석자들에게 신랑·신부가 정식으로 소개된다. 피로연에는 사회자가 있고 신랑·신부의 약력이라든가 만남의 계기 등을 재미있게 소개하고 친구들의 대표가 축하 스피치를 하기도 한다. 신부는 피로연 도중 옷을 몇 번 갈아 입으며 등장하여 하객들에게 그 아름다움을 보여 준다. 하객들이 축의금을 내는 것은 우리나라와 마찬가지이며 답례로 신랑·신부가 하객들에게 간단한 선물을 드리기도 한다. 그러나 우리나라와 달리 폐백은 없다. 피로연을 하객들에 대한 신랑·신부 소개의 자리로 중시하는 것이 일본 결혼식의 특징이다.

14 食べても いいですか

먹어도 됩니까?

건강 상태를 묻고 대답하는 표현 및 허가를 구하는 표현과 금지하는 표현을 익혀 봅시다. 또한, 전갈을 나타내는 말과 조건을 나타내는 표현도 잘 익혀 봅시다.

학 습 목 표

● **허가**

- おふろに はいっても いいですか。 목욕해도 됩니까?
- 家へ かえっても いいですか。 집에 돌아가도 됩니까?

● **금지**

- ごみを すてては いけない。 쓰레기를 버려서는 안된다.
- しばふに はいっては いけません。 잔디에 들어가서는 안됩니다.

● **조건**

- としょかんへ どう 行ったら いいですか。 도서관에 어떻게 가면 됩니까?

단어 익히기

～ても	～해도	からだ 体	몸	つめ 冷たい	차갑다
くだもの 果物	과일	わる 悪い	나쁘다	の もの 飲み物	음료
じつ 実は	사실은	ちょうし 調子	상태	～で(て)は いけない	
きのう	어제	いしゃ 医者	의사		～해서는 안된다
よる 夜	밤	くすり の 薬を 飲む	약을 먹다	ざんねん 残念だ	유감이다
～すぎる	지나치게～하다	だいじょうぶ 大丈夫だ	괜찮다	だいじ お大事に	몸조심하세요
おなか	배	～そうだ	～라고 한다		
いた 痛い	아프다	コーヒー	커피		

● 다음 빈칸에 일본어나 우리말을 써 봅시다 ●

のみもの			유감이다
ちょうし			아프다
からだ			사실은
おなか			몸조심하세요
つめたい			의사
だいじょうぶ			밤
くだもの			어제
コーヒー			약을 먹다

パク　　やまださん、果物を どうぞ。

やまだ　実は、きのうの 夜、食べすぎて おなかが 痛いんです。

パク　　あ、そうですか。お体が 悪いんですか。

やまだ　はい、調子が 悪いんです。

パク　　お医者さんへ 行きましたか。

やまだ　はい、薬を 飲んだら 大丈夫だそうです。

パク　　コーヒーは 飲んでも いいですか。

やまだ　いいえ、コーヒーと 冷たい 飲み物は

　　　　飲んでは いけない そうです。

パク　　それは 残念ですね。

　　　　どうぞ お大事に。

14 먹어도 됩니까?

박민수 : 야마다 씨, 과일 드세요
야마다 : 사실은, 어제 밤, 너무 먹어서 배탈이 났습니다.
박민수 : 아, 그렇습니까? 몸이 안 좋으십니까?
야마다 : 예, 상태가 안 좋습니다.
박민수 : 의사에게 갔었습니까?
야마다 : 예, 약을 먹으면 괜찮다고 합니다.
박민수 : 커피는 마셔도 됩니까?
야마다 : 아니오, 커피와 찬 음료는 마셔서는 안된다고 합니다.
박민수 : 그거 안됐군요. 부디 몸조심하세요.

본문 헤쳐보기

食べても いいですか。 먹어도 됩니까?

パク　　　やまださん、果物を どうぞ。
박민수　　야마다 씨,　과일　　드세요

やまだ　　実は、きのうの 夜、食べすぎて おなかが 痛いんです。
야마다　　사실은, 어제　　밤, 너무 먹어서 배탈이　　났습니다.

パク　　　あ、そうですか。　お体が 悪いんですか。
박민수　　아, 그렇습니까?　몸이　　안 좋으십니까?

やまだ　　はい、調子が 悪いんです。
야마다　　예,　상태가　안 좋습니다.

---

1. 食べすぎて 너무 먹어서

「동사의 ます형・형용사의 어간 + すぎる」의 형태로 '지나치게~하다'의 뜻이다.

> **예** ビールを 飲みすぎて おなかが いっぱいだった。 맥주를 너무 마셔서 배가 불렀다.
> 雨が 降りすぎて 洪水に なった。 비가 너무 내려서 홍수가 났다.

2. 薬を 飲んだら 약을 먹으면

「飲む + たら(~면)」의 형태가 飲んだら(마시면)가 되었으며, 우리말의 '약을 먹다'라는 말은 薬을 食べる가 아니라 薬を 飲む라고 해야 한다.

3. だいじょうぶだそうです。 괜찮다고 합니다.

「용언의 종지형(과거형)+そうだ(~라고 한다)」의 형태는 '전갈'의 뜻으로, 직접 본 것이 아니라 '남에게 들어서 안다'는 의미를 나타낸다.

> **예** この えいがは おもしろいそうだ。 이 영화는 재미있다고 한다.
> パクさんは 日本へ 行ったそうだ。 박민수 씨는 일본에 갔다고 한다.

パク	お医者さんへ 行きましたか。
박민수	의사에게 갔었습니까?

やまだ	はい、薬を 飲んだら 大丈夫だそうです。
야마다	예, 약을 먹으면 괜찮다고 합니다.

パク	コーヒーは 飲んでも いいですか。
박민수	커피는 마셔도 됩니까?

やまだ	いいえ、コーヒーと 冷たい 飲み物は 飲んでは いけないそうです。
야마다	아니오, 커피와 찬 음료는 마셔서는 안된다고 합니다.

パク	それは 残念ですね。どうぞ お大事に。
박민수	그거 안됐군요. 부디 몸조심하세요.

4. 飲んでも いいですか。 마셔도 됩니까?

「동사 + ても(でも) いいですか」의 형태로 '〜해도 됩니까?'의 뜻이며, 상대방의 허가를 구하는 표현이다. 비슷한 표현으로는 「동사 + ても(でも) かまいませんか (〜해도 상관없습니까?)」가 있다.

예 Q : ここで たばこを 吸っても いいですか。 여기서 담배를 피워도 됩니까?
A : はい、吸っても いいです。 예, 피워도 됩니다.

Q : いっしょに 行っても いいですか。 함께 가도 됩니까?
A : はい、行っても かまいません。 예, 가도 상관없습니다.

5. 飲んでは いけない。 마셔서는 안된다.

「동사 + ては いけない(いけません)/だめです」의 형태로 '〜해서는 안된다(안됩니다)'의 금지 표현이다. 다음 예문은 허가를 구하는 표현과 그에 대해 금지하는 대답이다.

예 Q : 学校を 休んでも いいですか。 학교를 쉬어도 됩니까?
A : いいえ、休んでは いけません。 아니오, 쉬어서는 안됩니다.

Q : この 写真を 見ても いいですか。 이 사진을 봐도 됩니까?
A : いいえ、見ては だめです。 아니오, 봐서는 안됩니다.

알아 두기

1. 조동사 そうだ

(1) 전갈 … ~라고 한다.

> 동사의 종지형(기본형), い형용사·な형용사의 종지형(기본형) + そうだ

예) 雨が 降るそうだ。 비가 내린다고 한다.

えいがが おもしろいそうだ。 영화가 재미있다고 한다.

日本へ 行ったそうだ。 일본에 갔다고 한다.

(2) 추측 … ~인 것 같다·~할 것 같다

> 동사의 ます형, い형용사·な형용사의 어간 + そうだ

예) 雨が 降りそうだ。 비가 내릴 것 같다.

えいがが おもしろそうだ。 영화가 재미있을 것 같다.

> ※ そうだが ない와 よい에 연결될 때는 각각 なさそうだ, よさそうだ가 된다.
>
> この ひとは 日本人では なさそうです。 이 사람은 일본인이 아닌 것 같습니다.

2. 동사 + と·たら·ば ~하면

(1) A と B … A하면 B이다

> 동사의 기본형 + と

A라는 조건을 제시하고 B라는 객관적이고 구체적인 사실을 말할 때 쓰는 가정 표현이다.

예) まっすぐ 行くと 右に 銀行が あります。 곧바로 가면 오른쪽에 은행이 있습니다.

(2) A たら B … A면 B이다

> 동사(음편형) + たら

A라는 조건을 たら형으로 제시하여 개인적인 판단으로 B가 성립된다고 말할 때 쓰는 가정 표현이다.

예) としょかんへは どう 行ったら いいですか。 도서관에는 어떻게 가면 됩니까?

(3) A ば B … A(하)면 B

> 동사의 가정형 + ば

'만일 A(하)면'이라는 조건을 제한적으로 가정하고 B라는 결과를 말할 때 쓰는 가정 표현이다.

^예 雪が 降れば スキーに 行きます。 눈이 내리면 스키타러 갑니다.

3. 허락(허가)을 구하는 표현

> 동사 + ても(でも) いいですか。 ➡ ~해도 됩니까?
>
> 동사 + ても(でも) だいじょうぶですか。 ➡ ~해도 괜찮습니까?
>
> 동사 + ても(でも) かまいませんか。 ➡ ~해도 상관없습니까?

^예 ここに 絵を かいても いいですか。 여기에 그림을 그려도 됩니까?

4. 금지에 관한 표현

> 동사 + ては(では) いけません(いけない)。 ➡ ~해서는 안됩니다(안된다).
>
> 동사 + ては(では) だめです。 ➡ ~해서는 안됩니다.

^예 ここで たばこを 吸っては いけません。 여기에서 담배를 피우면 안됩니다.

5. 동사의 たら형

종 류	어미 형태	~たら(だら)	예
1류 동사	~く	~いたら	書く ➡ 書いたら
	~ぐ	~いだら	泳ぐ ➡ 泳いだら
	~う、つ、る	~ったら	会う ➡ 会ったら　立つ ➡ 立ったら　乗る ➡ 乗ったら
	~ぬ、ぶ、む	~んだら	死ぬ ➡ 死んだら　遊ぶ ➡ 遊んだら　飲む ➡ 飲んだら
	~す	~したら	話す ➡ 話したら
2류 동사	~る	~(る)たら	見る ➡ 見たら 食べる ➡ 食べたら
3류 동사	불규칙		来る ➡ 来たら する ➡ したら

^{참고} 단, 行くは 예외로 行ったらOICKT.

 문제풀기

1. 대화를 잘 듣고 질문에 답해 봅시다. 

   (1) 몸 상태가 어떻습니까?
   ① 건강하다　　　② 감기가 걸렸다　　③ 배탈이 났다　　④ 두통이다

   (2) 대화의 내용으로 알맞은 것은 무엇입니까?
   ① 차는 마셔도 된다　　　　　② 커피는 마셔도 된다
   ③ 찬 음료는 좋지 않다　　　　④ 따뜻한 음료는 괜찮다

2. 다음 그림을 보고 보기와 같이 말해 봅시다. 

 보기

A : たばこを 吸っても いいですか。
B : いいえ、たばこを 吸っては いけません。

①

A : 　
B : 　

②

A : 　
B : 　

③

A : 　
B : 　

④

A : 　
B : 　

1. 다음 동사를 보기와 같이 가정 표현으로 바꾸어 봅시다.

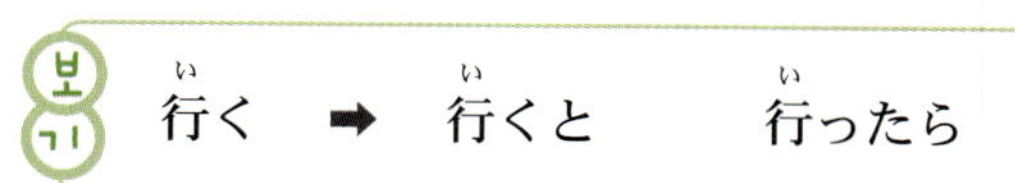

① なる ➡ 　　　　　　　　④ する ➡

② 曲がる ➡ 　　　　　　　⑤ 買う ➡

③ 食べる ➡ 　　　　　　　⑥ 飲む ➡

2. 다음 동사를 보기와 같이 허용 표현으로 바꾸어 써 봅시다.

① ここに 車を 止める。➡ ここに 車を 　　　　　　　　　。

② この ワープロを 使う。➡ この ワープロを 　　　　　　　　　。

③ ここに ごみを 捨てる。➡ ここに ごみを 　　　　　　　　　。

④ ここで たばこを 吸う。➡ ここで たばこを 　　　　　　　　　。

⑤ しばふに 入る。➡ しばふに 　　　　　　　　　。

일본문화 알기

일본인의 성(姓) 名字みょうじ

일본인의 성(姓)의 종류는 무려 27만여 가지나 된다고 한다. 그 중에서 가장 많은 성(姓)은 佐藤(さとう)이며, 그 뒤를 이어 すずき(鈴木), たかはし(高橋), たなか(田中)의 순이다. 일본인의 성(姓)은 우리와 마찬가지로 이름 앞에 붙으며, 상대방을 부를 때는 대부분 성에다가 さん을 붙여서 부르는 것이 일반적이다.

일본의 여성은 결혼을 하면 남편의 성으로 바뀌는 것이 보통이다. 그러나 독신으로 있을 때의 본인의 이름이 세상에 많이 알려져 있는 여성들은 결혼을 해서 남편의 성으로 바뀜으로 인해 여러 가지 불편함과 불이익이 생기는 것을 피하기 위해 호적에만 남편의 성을 따르고, 일상 생활에선 결혼 전의 성을 그대로 쓰는 경우도 있다.

15

今、何を 見て いますか

지금 무엇을 보고 있습니까?

동사의 진행·상태·완료를 나타내는 표현들을 익혀 봅시다. 특히, 동사의 て형에
유의하면서 어미 변화를 잘 익혀 봅시다.

학 습 목 표

● 진행

· 山田さんは 今 仕事を して います。 야마다 씨는 지금 일을 하고 있습니다.
· パクさんは テレビを 見て います。 박민수 씨는 텔레비전을 보고 있습니다.

● 상태

· 森さんは めがねを かけて います。 모리 씨는 안경을 쓰고 있습니다.
· 田中さんは 赤い ネクタイを して います。

　다나카 씨는 빨간 넥타이를 하고 있습니다.

● 완료

· 大学を 卒業して います。 대학을 졸업했습니다.
· イーさんは もう 結婚して います。 이미라 씨는 이미 결혼했습니다.

단어 익히기

다음 단어를 잘 듣고, 따라서 읽어 봅시다.

家族 (かぞく)	가족	立派だ (りっぱ)	멋지다	恋人 (こいびと)	애인
写真 (しゃしん)	사진	赤い (あか)	빨갛다	もう	이미
～と	～와, 과	ぼうし	모자	結婚 (けっこん)	결혼
いっしょに	함께	かぶる	쓰다	後ろ (うし)	뒤
京都 (きょうと)	교토(일본의 지명)	女性 (じょせい)	여성	立つ (た)	서다
時 (とき)	때	だれ	누구	主人 (しゅじん)	남편
方 (かた)	분	妹 (いもうと)	여동생		
お父さん (とう)	아버지	きれいだ	예쁘다		

● 다음 빈칸에 일본어나 우리말을 써 봅시다 ●

じょせい			누구
あかい			때
こいびと			뒤
たつ			교토
けっこん			여동생
かぶる			가족
しゅじん			예쁘다
かた			이미
りっぱだ			아버지
しゃしん			모자

パク　もりさん、今 何を 見て いますか。

もり　私_{わたし}の 家族_{かぞく}の 写真_{しゃしん}です。

　　　家族と いっしょに 京都_{きょうと}へ 旅行した 時_{とき}の 写真です。

パク　そうですか。この 方_{かた}が お父_{とう}さんですか。

もり　ええ、私の 父です。

パク　お父さんは とても 立派_{りっぱ}な 方ですね。

　　　赤_{あか}い ぼうしを かぶって いる 女性_{じょせい}は だれですか。

もり　わたしの 妹_{いもうと}です。

パク　妹さんは とても きれいですね。恋人_{こいびと}が いますか。

もり　残念_{ざんねん}ですが、もう 結婚_{けっこん}して います。

　　　この 後_{うし}ろに 立_たって いる 人_{ひと}が

　　　妹の 主人_{しゅじん}です。

パク　そうですか…。

---

15 지금 무엇을 보고 있습니까?

박민수 : 모리 씨, 지금 무엇을 보고 있습니까?
모　리 : 우리 가족 사진입니다. 가족과 함께 교토에 여행했을 때 사진입니다.
박민수 : 그렇습니까? 이 분이 아버님이세요?
모　리 : 예, 우리 아빠예요.
박민수 : 아버님이 아주 멋진 분이군요. 빨간 모자를 쓰고 있는 여성은 누구입니까?
모　리 : 제 여동생입니다.
박민수 : 여동생분은 아주 예쁘군요. 애인이 있습니까?
모　리 : 유감입니다만, 이미 결혼했습니다. 이 뒤에 서 있는 사람이 여동생 남편입니다.
박민수 : 그렇습니까….

본문 헤쳐 보기

今、何を 見て いますか 지금 무엇을 보고 있습니까?

パク もりさん、今 何を 見て いますか。
박민수 모리 씨, 지금 무엇을 보고 있습니까?

もり 私の 家族の 写真です。家族と いっしょに 京都へ 旅行した 時の 写真です。
모 리 우리 가족 사진입니다. 가족과 함께 교토에 여행했을 때 사진입니다.

パク そうですか。この 方が お父さんですか。
박민수 그렇습니까? 이 분이 아버님이세요?

もり ええ、私の 父です。
모 리 예, 우리 아빠예요.

パク お父さんは とても 立派な 方ですね。
박민수 아버님이 아주 멋진 분이군요.

1. 何を 見て いますか。 **무엇을 보고 있습니까?**

「동사 + て いる」의 형태는 '～하고 있다'라는 뜻이며, 현재 동작이 행해지고 있는 것을 나타내는 표현이다.

예 もりさんは 今 料理を 作って います。 모리 씨는 지금 요리를 만들고 있습니다.

2. 立派な 方ですね。 **멋진 분이군요.**

な형용사의 명사 수식형 「～な + 명사」의 형태로 '～한, ～인'의 뜻이며, 명사에 연결되는 형태이다.

예 有名な 大学です。 유명한 대학교입니다.

にぎやかな 町です。 번화한 거리입니다.

しずかな 部屋です。 조용한 방입니다.

3. ぼうしを かぶって いる。 **모자를 쓰고 있다.**

「동사 + て いる」의 형태는 '～하고 있다'의 뜻으로, 상태를 나타내며 주로 착용에 관한 표현에 많이 쓰인다.

赤い ぼうしを かぶって いる 女性は だれですか。
빨간 모자를   쓰고   있는 여성은 누구입니까?

もり　わたしの 妹です。
모 리　제　　　여동생입니다.

パク　妹さんは とても きれいですね。恋人が いますか。
박민수　여동생분은아주　예쁘군요.　　애인이 있습니까?

もり　残念ですが、もう 結婚して います。この 後ろに 立って いる 人が 妹の 主人です。
모 리　유감입니다만, 이미 결혼했습니다.　　이 뒤에　서　　있는 사람이 여동생 남편입니다.

パク　そうですか…。
박민수　그렇습니까….

예　山田さんは かばんを もって います。 야마다 씨는 가방을 들고 있습니다.

4. ぼうしを かぶって いる 女性　모자를 쓰고 있는 여성

「동사 + て いる + 명사」의 형태로 '하고 있는'의 뜻이며, 동사가 명사를 수식하는 모양이 기본 형과 똑같다.

예　今 ごはんを 食べて いる 人は 何人 いますか。 지금 밥을 먹고 있는 사람은 몇 명 있습니까?
あそこで たばこを 吸って いる 人は だれですか。 저기에서 담배를 피우고 있는 사람은 누구입니까?

5. もう 結婚して います。 이미 결혼했습니다.

「동사 + て いる」의 형태로 '~해 있다 ➡ ~했다'의 뜻이며, 동작이 완료된 상태를 나타내는 표현 이다.

예　パクさんは 大学を 卒業して います。 박민수 씨는 대학을 졸업했습니다.

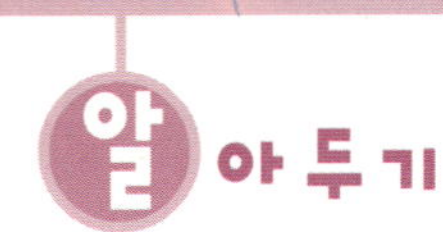 **알아두기**

1. 동사 + て いる

(1) 진행

현재 동작이 행해지고 있는 것을 나타내는 표현이다.

- 예　山田さんは 今 テレビを 見て います。　야마다 씨는 지금 텔레비전을 보고 있습니다.

　　パクさんは 昼ごはんを 食べて います。　박민수 씨는 점심밥을 먹고 있습니다.

　　キムさんは 今 掃除を して います。　김유미 씨는 지금 청소를 하고 있습니다.

(2) 상태

상태를 나타내는 표현으로 주로 착용에 관한 표현에 많이 쓰인다.

- 예　田中さんは 赤い ネクタイを して います。　다나카 씨는 빨간 넥타이를 하고 있습니다.

　　山田さんは めがねを かけて います。　야마다 씨는 안경을 쓰고 있습니다.

　　キムさんは きいろい シャツを 着て います。　김유미 씨는 노란 셔츠를 입고 있습니다.

(3) 완료

이미 동작이 완료된 상태를 나타내는 표현이다.

- 예　もりさんは もう 結婚して います。　모리씨는 이미 결혼했습니다.

　　大学を 卒業して います。　대학을 졸업했습니다.

　　キムさんは 今 日本へ 行って います。　김유미씨는 지금 일본에 가 있습니다.

2. 착용에 관한 표현

ぼうしを かぶって いる	めがねを かけて いる	ネクタイを して いる
모자를 쓰고 있다	안경을 쓰고 있다	넥타이를 하고 있다

時計を して いる	かばんを 持って いる	イヤリングを して いる
시계를 차고 있다	가방을 들고 있다	귀걸이를 하고 있다

スカーフを して いる	ネックレスを して いる	手袋を して いる
스카프를 하고 있다	목걸이를 하고 있다	장갑을 끼고 있다

バックを 肩（かた）に かけて いる

핸드백을 어깨에 걸고 있다

茶色（ちゃいろ）い くつを はいて いる

갈색 구두를 신고 있다

3. 색상에 관한 표현

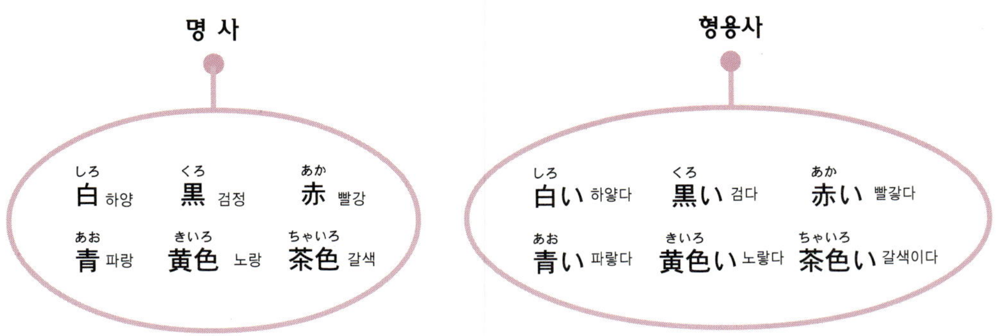

4. 신체에 관한 표현

かお 顔 얼굴	かみ 髪 머리카락	め 目 눈	はな 鼻 코	くち 口 입	みみ 耳 귀

からだ 体 몸	あたま 頭 머리	くび 首 목·고개	かた 肩 어깨	せなか 背中 등	むね 胸 가슴
	おなか 腹 배	へそ 배꼽	うで 腕 팔	て 手 손	ゆび 指 손가락
	ひじ 팔꿈치	こし 腰 허리	おしり 엉덩이	あし 足 발·다리	ひざ 무릎

문제풀기 

1. 대화를 잘 듣고 질문에 답해 봅시다. 

   (1) 만들고 있는 요리는 무엇입니까?
   ① 초밥　　　　② 스키야키　　　　③ 샤브샤브　　　　④ 우동

   (2) 대화의 내용으로 알맞은 것은 무엇입니까?
   ① 초밥을 만들고 있다　　　　② 전골을 좋아한다
   ③ 요리를 만들고 청소한다　　　　④ 스키를 타고 있다

2. 다음 그림을 보고 보기와 같이 말해 봅시다. 

보기

A : 何を して いますか。
B : 本を 読んで います。

① 
A : 何を して いますか。
B :　　　　　　　　　　。

② 
A : 何を して いますか。
B :　　　　　　　　　　。

③ 
A : 何を して いますか。
B :　　　　　　　　　　。

④ 
A : 何を して いますか。
B :　　　　　　　　　　。

정리하기

1. 다음 동사의 기본형을 て いる형으로 바꾸어 써 봅시다.

① あそぶ
➡

② あるく
➡

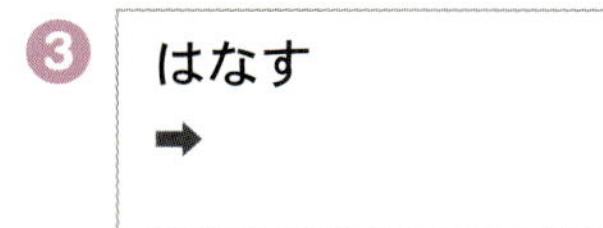

③ はなす
➡

④ あう
➡

⑤ のる
➡

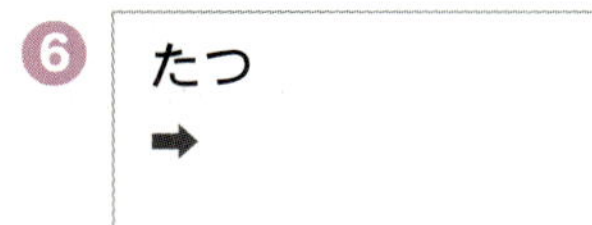

⑥ たつ
➡

2. 다음을 보기와 같이 바꾸어 써 봅시다.

① 雨が 降る。➡ 雨が ＿＿＿＿ います。

② 川が 流れる。➡ 川が ＿＿＿＿ います。

③ 子どもが 泣く。➡ 子どもが ＿＿＿＿ います。

④ 戸が 閉まる。➡ 戸が ＿＿＿＿ います。

⑤ 川の 水が 汚れる。➡ 川の 水が ＿＿＿＿ います。

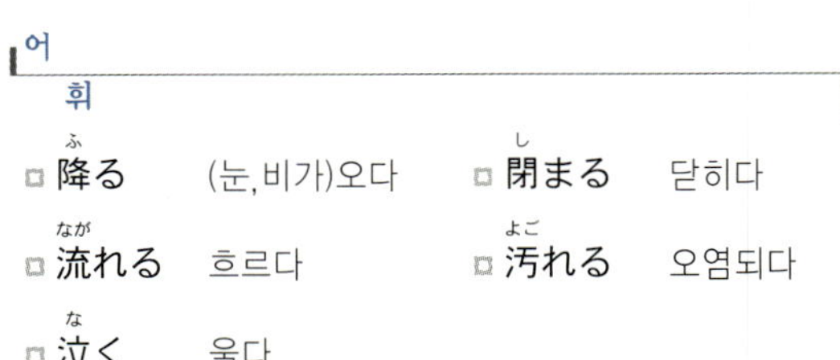

어휘

□ 降る	(눈, 비가)오다	□ 閉まる	닫히다
□ 流れる	흐르다	□ 汚れる	오염되다
□ 泣く	울다		

일본문화 알기

히나마쓰리 ひな祭まつり

3월 3일에 어린 딸이 있는 집에서 행해지는 인형 축제로 히나닌교(ひなにんぎょう, 히나 인형)와 떡, 감주, 복숭아 꽃 등을 붉은 색의 제단에 차려 놓고 여자아이의 행복이나 건강을 기원하며 축하를 하는 행사이다. 이 날에는 복숭아꽃을 장식하는 습관이 있어서 모모노셋쿠(桃の節句, もものせっく)라고도 불린다.

16 どう 書けば いいですか

어떻게 쓰면 될까요?

비행기 안에서 입국 카드를 작성할 때 탑승객과 스튜어디스 사이에서 이루어지는 간단한 내용의 질문과 대답입니다. 특히, 경어에 유의하면서 학습해 봅시다.

학습목표

● 설명

・ここは どう 書けば いいですか。 여기는 어떻게 쓰면 될까요?

・日本の 連絡先を お書きください。 일본의 연락처를 써 주십시오.

● 시간

・何時に 着きますか。 몇 시에 도착합니까?

・あと、30分で 着く 予定です。 앞으로 30 분이면 도착할 예정입니다.

● 부탁

・ジュースを お願い できますか。 주스를 부탁할 수 있을까요?

단어 익히기

다음 단어를 잘 듣고, 따라서 읽어 봅시다.

일본어	우리말	일본어	우리말	일본어	우리말
どう	어떻게	連絡先(れんらくさき)	연락처	着く(っく)	도착하다
あの	저	書く(か)	쓰다	あと	앞으로, 뒤
スチュワーデス	스튜어디스	目的(もくてき)	목적	予定(よてい)	예정
入国カード(にゅうこく)	입국카드	お仕事(しごと)	일, 직업	できる	할 수 있다
こと	건, 일	それから	그리고		
そちらには	그쪽에는	大阪(おおさか)	오사카(지명)		

● 다음 빈칸에 일본어나 우리말을 써 봅시다 ●

スチュワーデス			어떻게
カード			입국
れんらくさき			그쪽에는
大阪			쓰다
できる			목적
それから			일
			도착하다
			예정

イー	あの、すみません。
スチュワーデス	はい、何でしょうか。
イー	入国（にゅうこく）カードの ことですが、ここは どう 書（か）けば いいですか。
スチュワーデス	そちらには 日本の 連絡先（れんらくさき）を お書きください。
イー	そうですか。ここは**?**
スチュワーデス	ここは 旅行の 目的（もくてき）、ここには お仕事（しごと）を お書きください。
イー	ありがとうございました。
	それから、大阪（おおさか）には 何時（なんじ）に 着（つ）きますか。
スチュワーデス	あと、30分（さんじゅっぷん）で 着（つ）く 予定（よてい）です。
イー	ジュースを お願（ねが）いできますか。
スチュワーデス	はい、かしこまりました。

16 어떻게 쓰면 됩니까?

이미라 : 저–, 여기요.
스튜어디스: 예, 뭐지요?
이미라 : 입국카드 말인데요. 여기는 어떻게 쓰면 될까요?
스튜어디스: 거기에는 일본의 연락처를 써 주세요.
이미라 : 그렇군요. 여기는요?
스튜어디스: 여기는 여행 목적, 여기에는 직업을 써 주세요.
이미라 : 감사합니다. 그리고, 오사카에는 몇 시에 도착합니까?
스튜어디스: 앞으로 30분 안에 도착할 예정입니다.
이미라 : 주스를 좀 부탁해도 될까요?
스튜어디스: 예, 잘 알겠습니다.

どう 書けば いいですか 어떻게 쓰면 됩니까?

イー	あの、すみません。
이미라	저 -. 여기요.

スチュワーデス	はい、何でしょうか。
스튜어디스	예, 뭐지요?

イー	入国カードの ことですが、ここは どう 書けば いいですか。
이미라	입국카드 말인데요. 여기는 어떻게 쓰면 될까요?

スチュワーデス	そちらには 日本の 連絡先を お書きください。
스튜어디스	거기에는 일본의 연락처를 써 주세요.

イー	そうですか。ここは**?**
이미라	그렇군요. 여기는요?

---

1. あの、すみません。 저, 여기요 · 저, 실례합니다.

말을 걸기 위하여 주의를 환기시킬 때 사용하는 말이다.

예 あの、すみません。 これ いくらですか。 저, 여기요. 이거 얼마지요?

2. ～の ことですが, ～말인데요 · ～건인데요.

こと는 어떤 사항이나 경우 등을 나타낼 때 쓰는 말이다. 다른 명사의 뒤에 오면 그 명사를 구체적으로 언급한다.

예 今回の 旅行の ことですが、どこが いいでしょうか。

이번 여행 말인데요, 어디가 좋을까요?

先生、日本語の 試験の ことですが、質問が あります。

선생님, 일본어 시험 말인데요, 질문이 있습니다.

スチュワーデス 스튜어디스	ここは 旅行の 目的、ここには お仕事を お書き ください。 여기는 여행 목적, 여기에는 직업을 써 주세요.
イー 이미라	ありがとうございました。 감사합니다.
	それから、大阪には 何時に 着きますか。 그리고, 오사카에는 몇 시에 도착합니까?
スチュワーデス 스튜어디스	あと、30分で 着く 予定です。 앞으로 30 분 안에 도착할 예정입니다.
イー 이미라	ジュースを お願いできますか。 주스를 좀 부탁해도 될까요?
スチュワーデス 스튜어디스	はい、かしこまりました。 예, 잘 알겠습니다.

3. 書けば　쓰면

書く의 가정형이다. 1류 동사는 어미 [u]를 [e] + ば의 꼴로 고치면 가정형이 된다.

예 読む(읽다) ➡ 読めば 읽으면　　　行く(가다) ➡ 行けば 가면

4. 連絡先　연락처

~先는 명사에 접속하여, 본래 있어야 할 곳을 떠나 앞으로 뭔가를 할 또는 현재 하고 있는 장소를 나타낸다.

예 ホームステイ先　홈스테이를 할 곳(또는 하고 있는 곳)

入院先 입원해 있는 곳　　　旅行先 여행지

5. お書きください。　쓰세요.

お~ください는 경어 중 상대를 높여서 말하는 존경 표현에 속한다. ます형에 접속되는 것에 유의하도록 한다.

（예） この 新聞を お読みください。 이 신문을 읽으세요.

ちょっと お待ちください。 잠깐 기다려 주세요.

6. あと、30分で 앞으로 30분이면

앞으로 남은 것을 나타낼 때 쓴다. 또 あとで의 형태로 쓰여서 '나중'이라는 뜻을 나타낸다.

（예） あと 1週間で 冬休みです。 앞으로 1주일이면 겨울 방학입니다.

あとで 会いましょう。 나중에 만납시다.

7. 着く 予定です。 도착할 예정입니다.

着くは 到着する(도착하다)와 같은 뜻이다. 주로 회화체에서 사용하는데, 到着するは 문장체나 격식 차린 표현으로 사용된다. 予定는 확정된 구체적인 계획을 나타낸다.

8. お願いできますか。 부탁할 수 있습니까?

する의 가능 동사는 できる이다. する의 겸양 표현(겸손한 표현)은 「お + ます형 + する」의 형태이며, 가능 표현은 「お + ます형 + できる」의 형태로 겸손한 표현이므로 상대방의 입장이나 사정을 배려하여 의뢰하는 부드러운 표현이다.

（예） A : あしたは 何時に 行けば いいでしょうか。 내일은 몇 시에 가면 될까요?
B : 9時に お願いできますか。 9시에 부탁할 수 있을까요?

1. 동사의 가정형 … ~ば형

가정의 표현으로 '〜하면'의 뜻이다.

종　류	활용의 특징	기본형	～ば
1류 동사	[u] ➡ [e] + ば	会^あう 行^いく 乗^のる	会^あえば 行^いけば 乗^のれば
2류 동사	[ru] ➡ [re] + ば	見^みる 食^たべる	見^みれば 食^たべれば
3류 동사	불규칙	来^くる する	来^くれば すれば

2. 조사 に의 주요 용법

▫ **장소**　先生は 教室に います。 선생님은 교실에 있습니다.

▫ **시간**　6時に 起きます。 6시에 일어납니다.

▫ **방향**　右に まがって ください。 오른쪽으로 돌아가세요.

▫ **목적**　あそびに 行きます。 놀러 갑니다.

▫ **변화**　先生に なる。 선생님이 되다.

▫ **대상**　タクシーに 乗ります。 택시를 탑니다.

友だちに 会います。 친구를 만납니다.

父に にて います。 아버지를 닮았습니다.

1. 대화를 잘 듣고 질문에 답해 봅시다. 

   (1) 어디에서 이루어지는 대화입니까?
   ① 출입국 심사대   ② 호텔 프론트   ③ 택시 안   ④ 버스 앞

   (2) B의 여행 목적은 무엇입니까?
   ① 사업차   ② 관광차   ③ 홈스테이   ④ 회의 참석

   (3) B가 일본에 체류하는 기간은 어느 정도입니까?
   ① 1주일   ② 2주일   ③ 3주일

2. 다음 그림을 보면서 보기와 같이 말해 봅시다. 

A : あの、すみません。
　　ジュースを お願いできますか。
B : はい、わかりました。

① 

A : ＿＿＿＿＿＿＿＿＿＿＿。
　　＿＿＿＿＿＿＿＿＿＿＿。
B : はい、わかりました。

② 

A : ＿＿＿＿＿＿＿＿＿＿＿。
　　＿＿＿＿＿＿＿＿＿＿＿。
B : はい、わかりました。

③ 

A : ＿＿＿＿＿＿＿＿＿＿＿。
　　＿＿＿＿＿＿＿＿＿＿＿。
B : はい、わかりました。

정리하기

1. 다음은 일본에 입국할 때의 외국인 입국기록카드입니다.
   각자의 것을 써 봅시다.

ここは どう かけば いいですか。
여기는 어떻게 쓰면 될까요?

外国人入国記録 DISEMBARKATION CARD FOR FOREIGNER　①

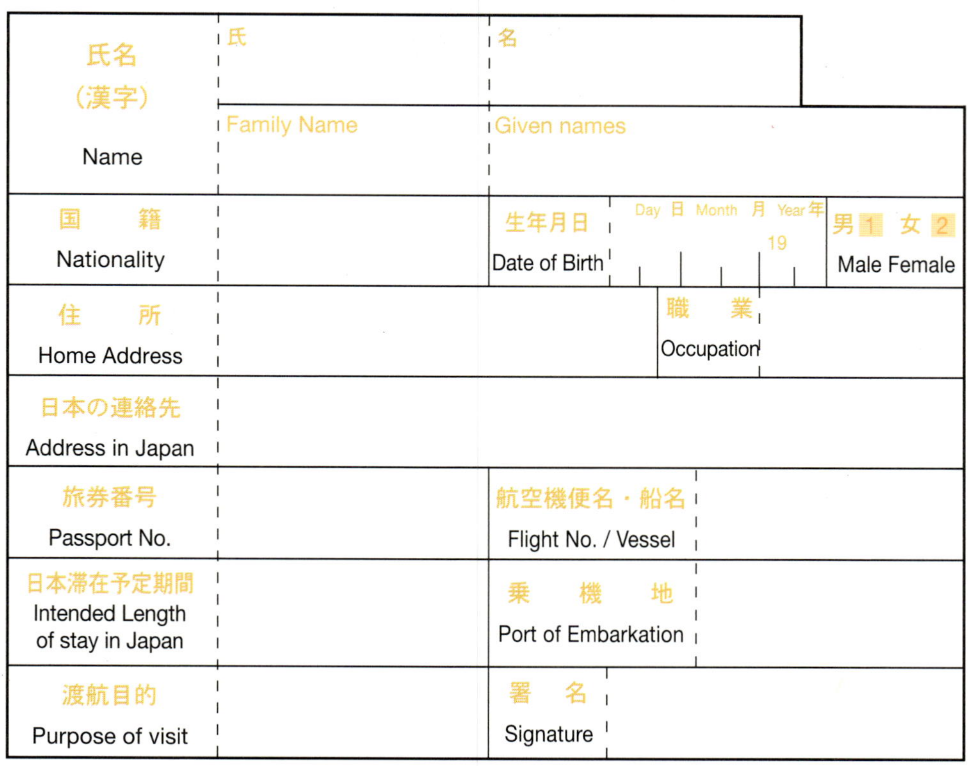

일본문화 알기

텐노 天皇 てんのう

일본의 연호와 관련이 있는 텐노(天皇, てんのう)는 일본국의 상징이며, 헌법으로 정해진 국사(国事), 즉 내각 대신 · 최고재판소 장관을 임명하고, 국회를 소집하며, 외국의 대사 · 공사를 접수하는 일 등을 한다. 외교 의례상은 원수로 간주되지만 정치상의 권한은 전혀 갖고 있지 않다. 천황이 사는 곳은 도쿄의 도심에 있는 황거(皇居)이며, 1년에 2번(오쇼가쓰와 천황 탄생일) 일반 시민이 황거에 들어가 천황과 그 가족의 얼굴을 볼 수 있는 것이 가능하다. 지금의 천황 탄생일인 12월 23일은 공휴일로 지정되어 있으며, 천황은 아직까지도 일본인들의 정신적 · 종교적인 상징으로서 존속하고 있다.

일본에서는 연도를 말할 때 서기(西紀)와 함께 연호를 사용하는 경우도 아주 많다. 예를 들면, 2003년을 헤이세이(平成, へいせい) 15년이라고 말하는 것인데, 이 헤이세이(平成)와 같은 연호는 천황이 죽고, 새로운 천황이 탄생할 때마다 바뀐다. 즉, 천황이 바뀌면 연호도 바뀌게 되는 것이다.

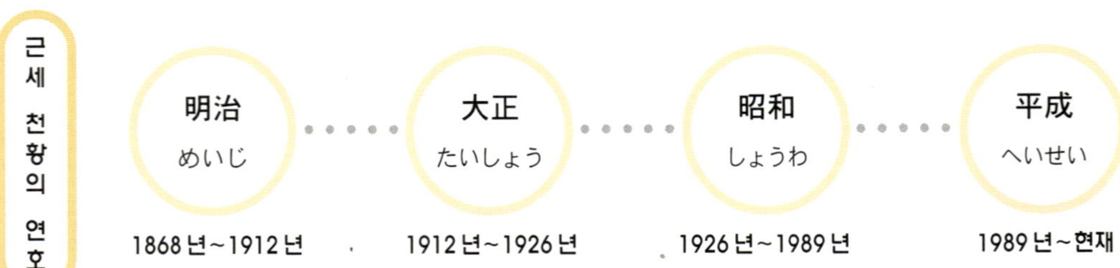

17

まもなく 成田に 到着する 予定です

이제 곧 나리타에 도착할 예정입니다

비행기 안에서의 기내 방송에서는 출발시간, 도착시간, 고도 등을 설명하고 있습니다. 해외 여행시에 흔히 들을 수 있는 기내 방송이므로 잘 익혀 둡시다.

학 습 목 표

● **설명**

・高度 10,000メートルに なります。 고도 10,000 미터가 됩니다.

● **상태**

・富士山が 見えて います。 후지산이 보이고 있습니다.

● **예정**

・まもなく 成田に 到着する 予定です。 이제 곧 나리타에 도착할 예정입니다.

● **주의**

・お忘れ物 ないよう お帰りください。 잊으신 물건 없이 돌아가십시오.

단어 익히기

다음 단어를 잘 듣고, 따라서 읽어 봅시다.

機内（きない）	기내	高度（こうど）	고도	成田（なりた）	도쿄의 공항 이름
放送（ほうそう）	방송	メートル	미터(m)	到着する（とうちゃく）	도착하다
みなさま	여러분	窓（まど）	창문	晴れ（は）	맑음
機長（きちょう）	기장	外（そと）	바깥	お忘れ物（わす もの）	분실물
坪山（つぼやま）	성(姓)	富士山（ふじさん）	후지산	ない	없다
飛行機（ひこうき）	비행기	見える（み）	보이다	航空（こうくう）	항공
出発（しゅっぱつ）	출발	まもなく	이제 곧	利用（りよう）	이용

다음 빈칸에 일본어나 우리말을 써 봅시다

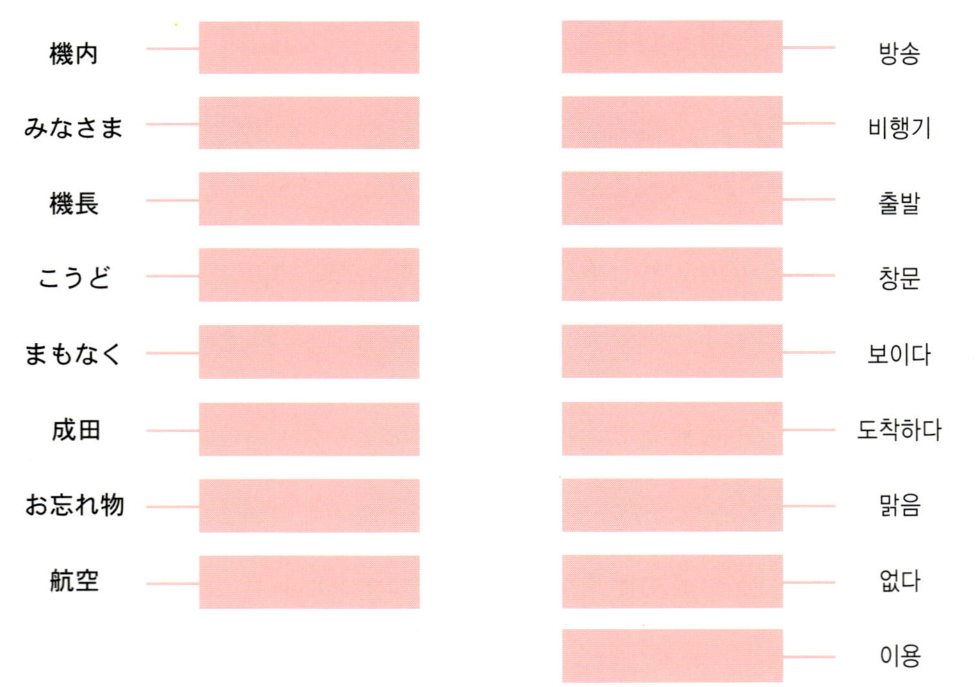

機内 放送
（きない ほうそう）

みなさま、こんにちは。機長の 坪山です。

この 飛行機は 1時 インチョンを 出発しました。

今、高度 10,000メートルに なります。

窓の 外には 富士山が 見えて います。

まもなく 成田に 到着する 予定です。

今、成田は 晴れです。

お忘れ物 ないよう お帰りください。

K航空を また ご利用ください。

ありがとうございました。

17 이제 곧 나리타에 도착할 예정입니다

기내 방송
여러분, 안녕하십니까? 기장인 츠보야마입니다.
이 비행기는 1시 인천을 출발했습니다.
지금, 고도 10,000미터가 됩니다.
창 밖에는 후지산이 보이고 있습니다.
이제 곧 나리타에 도착할 예정입니다.
지금 나리타는 맑습니다.
잊으신 물건 없이 돌아가십시오.
K항공을 또 이용해 주시기 바랍니다.
감사합니다.

본문 헤쳐보기

まもなく 成田に 到着する 予定です 이제 곧 나리타에 도착할 예정입니다

機内 放送 기내 방송

みなさま、こんにちは。機長の 坪山です。
여러분,　안녕하십니까? 기장인 츠보야마입니다.

この 飛行機は 1時 インチョンを 出発しました。
이　비행기는 1시 인천을　출발했습니다.

今、高度 10,000メートルに なります。
지금, 고도 10,000 미터가　됩니다.

---

1. まもなく 이제 곧

시간을 얼마 남겨두지 않은 상태를 나타낸다.

(예) 映画は まもなく 終わります。 영화는 이제 곧 끝납니다.

2. 到着する 予定です。 도착할 예정입니다.

予定앞에는 동사를 포함하여 여러 가지 수식어를 취할 수 있지만 이와 비슷한 뜻으로 사용되는 つもり는 동사 기본형 이외에는 접속되지 않으며, 마음 속에서 생각하고 있는 계획을 말할 때 쓴다.

(예) 旅行は 3日間の 予定です。 여행은 3일 예정입니다.

来月、日本へ 行く つもりです。 다음 달 일본에 갈 생각입니다.

3. 機長の 坪山です。 기장인 츠보야마입니다.

여기서의 の는 동격을 나타내고 있다.

(예) 社長の 山田です。 사장인 야마다입니다.

窓の 外には 富士山が 見えて います。
창 밖에는 후지산이 보이고 있습니다.

まもなく 成田に 到着する 予定です。今、成田は 晴れです。
이제 곧 나리타에 도착할 예정입니다. 지금, 나리타는 맑습니다.

お忘れ物 ないよう お帰りください。
잊으신 물건 없이 돌아가십시오.

K航空を また ご利用ください。
K 항공을 또 이용해 주시기 바랍니다.

ありがとうございました。
감사합니다.

4. 出発しました。 출발했습니다.

出発します(출발합니다)의 과거형이다. 더 겸손한 표현은 出発致します(출발하겠습니다)
또는 出発致しました(출발했습니다)이다.

5. 〜に なります。 〜가 됩니다.

「명사 + に なる」의 형태로, '〜이(가) 되다'의 뜻이다. 점진적인 변화를 나타낸다.

예 春に なりました。 봄이 되었습니다.
大人に なる。 어른이 되다.
先生に なる つもりです。 선생님이 될 생각입니다.

6. 晴れです。 맑습니다.

晴れ는 晴れる의 명사형으로 '맑음'이란 뜻이다. 날씨를 나타내는 표현으로는 曇り(흐림), 雨(비),
雪(눈), 風(바람) 등이 있다.

7. ～よう（に）　～하도록

동사의 기본형이나 부정형에 연결되어 '～하도록'의 뜻이다.

> 例　危ない ところは 行かない **ように** して ください。 위험한 곳은 가지 않도록 하세요.
>
> あしたは 必ず 行く**よう** お願いします。 내일은 반드시 가도록 부탁합니다.

8. ご利用ください。 이용해 주십시오.

「お+동사의 ます형・동작성 명사 + ください」와 같은 형태는 경어의 존경 표현으로 상대를 높여서 말하는 표현이다. 손윗사람에게나 정중한 장면에서 상대방에게 어떤 동작을 권유하거나 의뢰할 때 쓰인다. 한자어의 경우에는 ご가 앞에 오는 경우가 많으나 예외도 있다.

> 例　おすわりください。 앉으십시오.
>
> わからない ことは **ご質問ください。** 모르는 것은 질문해 주세요.
>
> これを **ご検討ください。** 이것을 검토해 주세요.
>
> **お電話ください。** 전화 주세요.

9. ありがとうございました。　 감사합니다.

ありがとうございます와 마찬가지로 모두 '감사합니다'라는 의미로 쓰지만, ありがとうございました는 화자(말하는 사람)가 자신에게 베풀어 준 상대방의 행위가 완료되었을 때만 쓴다. 단, ありがとうございました는 화자의 의식에 따라 쓰임이 복잡하다. 예를 들어, 상대방이 여행지에서 사온 선물을 주었을 경우 화자의 의식이 상대방이 여행지에서 선물을 사 주었다는 것에 향해 있으면 선물을 사 준 것 자체는 이미 완료된 동작이기 때문에 ありがとうございました라고 한다. 그러나, 화자의 의식이 눈 앞에서 선물을 주는 상대방의 행위에 향해 있으면 그 행위는 아직 완료되지 않았기 때문에 선물을 받으면서 ありがとうございます라고 말하게 된다. 더 정중한 표현은 どうも ありがとうございます 또는 どうも ありがとうございました이다. 가까운 사이에서는 ありがとう 또는 どうも라고도 한다.

알
아
두
기

1. の의 대표적인 용법

の는 전후 관계에 있어서 여러 가지 뜻이 있다.

예 日本語の 本が あります。 일본어 책이 있습니다.

友だちの キム君 친구인 김군

安いのが いいです。 싼 것이 좋습니다.

わたしの 読んだ 本 내가 읽은 책

2. 특별한 형태의 경어 동사

기본형	정중어	존경어	겸양어
行く	行きます	いらっしゃいます	まいります
来る	来ます	いらっしゃいます おいでに なります	まいります
いる	います	いらっしゃいます	おります
食べる 飲む	食べます 飲みます	めしあがります	いただきます
言う	言います	おっしゃいます	申します
見る	見ます	ごらんに なります	拝見します
聞く たずねる	聞きます たずねます	・	うかがいます
会う	会います	・	お目に かかります
する	します	なさいます	いたします
知る	知って います	ご存じです	存じて おります

문제 풀기 

1. 안내 방송을 잘 듣고 질문에 답해 봅시다.

   (1) 비행기의 도착지는 어디입니까?
   ① 부산　　　　　② 서울　　　　　③ 인천　　　　　④ 나리타

   (2) 현재 비행기의 위치는 어디입니까?
   ① 부산 상공　　　② 서울 상공　　　③ 후지산 상공　　　④ 나리타 상공

   (3) 도착지의 날씨는 어떻습니까?
   ① 맑음　　　　　　② 흐림　　　　　　③ 비

2. 다음 보기와 같이 말해 봅시다.

보기

A : 山田さんは いつ 日本へ 帰りますか。
B : 7月 8日 帰る 予定です。

1
A : キムさんは いつ チェジュドへ 行きますか。
B : 　　　　　　　　　　　　　　　　　。

2
A : この 飛行機は 何時に 着きますか。
B : 　　　　　　　　　　　　　。

3
A : デパートは いつ 開きますか。
B : 　　　　　　　　　　　　。

정리하기

1. 다음 동사를 お(ご)〜ください의 문형으로 바꿔 봅시다.

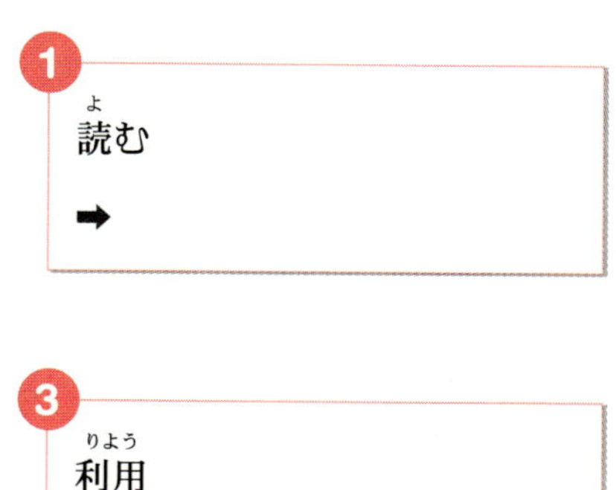

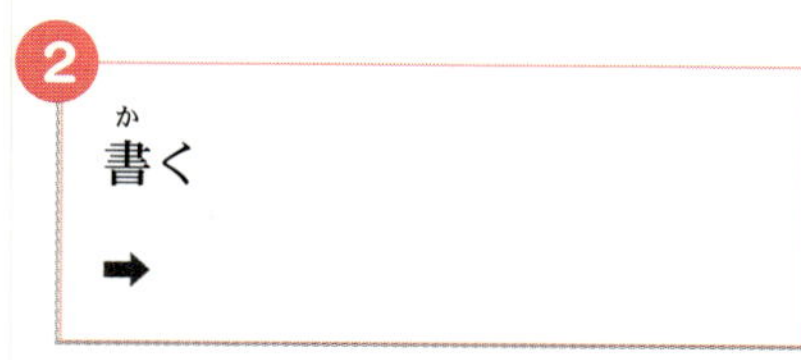

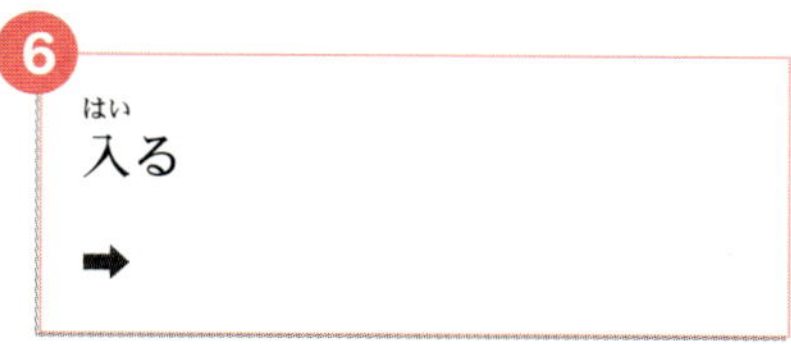

2. 다음 한자의 よみがな를 써 봅시다.

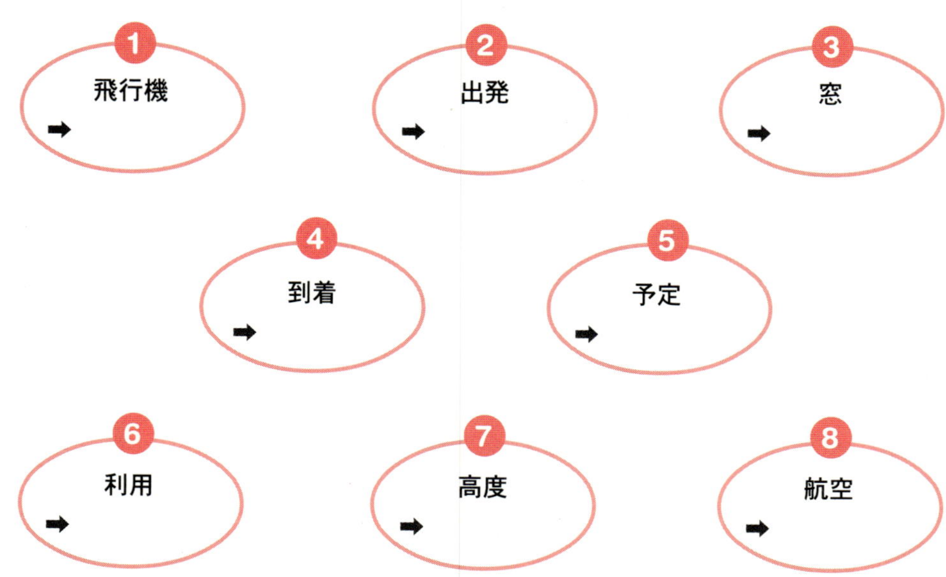

일본문화 알기

성인의 날 成人せいじんの日ひ

1948년에 제정된 공휴일의 하나로 각 자치단체에서는 20세가 된 사람들을 축복하고 성인식을 행한다. 옛날에는 성인으로 인정받으려면 자신의 능력을 증명해야 했다. 지역에서 정한 노동 등 일정한 일을 처리하지 못하면 성인으로 인정받지 못했던 것이다. 그런데 요즘은 20세가 되면 모든 남녀가 성인으로 인정받는다. 그리고 선거권, 시민권도 주어진다. 성인식에 참가할 때 남자들은 대개 양복을 입지만, 여성의 대부분은 후리소데(ふりそで)라는 기모노를 입는다.

18

別府の 旅行は とても 楽しかった

벳뿌 여행은 매우 즐거웠다

여행을 통해서 느낀 소감을 일기문의 형태로 쓴 내용입니다.
또한, 정중체가 아닌 보통체의 문장과 과거형에 유의하면서 학습해 봅시다.

학습목표

● **소감**
- 別府の 旅行は とても 楽しかった。 벳뿌 여행은 매우 즐거웠다.
- 温泉も とても よかったし、料理も おいしかった。
  온천도 매우 좋았고, 요리도 맛있었다.
- とても 親切に して くれた。 매우 친절하게 대해 주었다.

● **의외의 결과**
- 暖かいと 思ったが、それほどでは なかった。
  따뜻할 것이라고 생각했는데, 그렇지도 않았다.

● **희망**
- もう 一度 来て みたい。 한 번 더 오고 싶다.

단어 익히기

다음 단어를 잘 듣고, 따라서 읽어 봅시다.

とても	매우, 정말	～し	～하고	山	산
楽しい	즐겁다	料理	요리	南の 方	남쪽
あした	내일	生ビール	생맥주	暖かい	따뜻하다
韓国	한국	おいしい	맛있다	それほど	그 정도
帰る	돌아가다, 돌아오다	旅館	여관	～では ない	～가 아니다
旅行	여행	親切だ	친절하다	いつか	언젠가
温泉	온천	雪	눈	機会	기회
よい	좋다	積る	쌓이다	もう 一度	한 번 더

다음 빈칸에 일본어나 우리말을 써 봅시다

とても			요리
温泉			생맥주
旅館			맛있다
それほど			친절하다
いつか			눈
もう 一度			산
積る			남쪽
			기회

日記文

あした 韓国に 帰る。 別府の 旅行は とても 楽しかった。

温泉も とても よかったし、日本の 料理も とても おいしかった。

生ビールも おいしかった。

旅館の 人も とても 親切に して くれた。

露天ぶろから 見える 雪が 積った 山は とても 美しかった。

別府は 南の 方だから 暖かいと 思ったが、それほどでは なかった。

いつか また 機会が あれば もう 一度 来て みたい。

美しい 別府！さようなら。

18 벳뿌 여행은 정말 즐거웠다

일기문

내일 한국에 돌아간다. 벳뿌 여행은 정말로 즐거웠다.
온천도 매우 좋았고, 일본 요리도 매우 맛있었다.
생맥주도 맛이 있었다.
여관의 종업원도 매우 친절하게 해 주었다.
노천 온천에서 바라다 보이는 눈 덮인 산은 매우 아름다웠다.
벳뿌는 남쪽이어서 따뜻할 거라고 생각했는데, 그렇지도 않았다.
언젠가 또 기회가 있으면 한 번 더 오고 싶다.
아름다운 벳뿌여! 안녕.

본문 헤쳐보기

別府の 旅行は とても 楽しかった 벳뿌 여행은 정말 즐거웠다

日記文 일기문

あした 韓国に 帰る。別府の 旅行は とても 楽しかった。
내일　　한국에　돌아간다. 벳뿌 여행은 정말로 즐거웠다.

温泉も とても よかったし、日本の 料理も とても おいしかった。
온천도　매우　좋았고,　　　일본　요리도 매우　맛있었다.

生ビールも おいしかった。旅館の 人も とても 親切に して くれた。
생맥주도　　맛이 있었다.　여관의 종업원도 매우 친절하게 해 주었다.

---

1. **楽しかった。 즐거웠다.**

楽しい(즐겁다)의 과거형이다. 정중한 과거형은 楽しかったです(즐거웠습니다)이다.
楽しいでした가 아님에 유의하도록 한다.

2. **温泉も とても よかったし、온천도 매우 좋았고,**

よかった는 よい(いい)의 과거형이다. いかった라고는 하지 않는 것에 유의한다. し는 앞뒤의 서로
동등한 내용을 연결할 때 사용되는 접속 조사이다. 앞에 플러스적인 내용이 오면 뒤에도 플러스적
인 내용이 오고, 마이너스적인 내용이 오면 뒤에도 마이너스적인 내용이 온다.

> 今日は 天気も いいし、遊びに 行こうと 思う。오늘은 날씨도 좋아서, 놀러 가려고 한다.
> 宿題も あるし、とても いそがしい。숙제도 있고, 매우 바쁘다.

3. **親切に 친절하게**

な형용사인 親切だ의 부사형이다. 동사가 뒤에 연결될 때의 な형용사는 어미 だ가 に로 변한다.

> 部屋を きれいに 掃除した。 방을 깨끗하게 청소했다.

露天ぶろから 見える 雪が 積った 山は とても 美しかった。
노천 온천에서 바라다 보이는 눈 덮인 산은 매우   아름다웠다.

別府は 南の 方だから 暖かいと 思ったが、それほどでは なかった。
벳뿌는 남쪽이어서   따뜻할 거라고 생각했는데, 그렇지도 않았다.

いつか また 機会が あれば もう 一度 来て みたい。
언젠가 또   기회가 있으면 한번 더   오고 싶다.

美しい 別府! さようなら。
아름다운 벳뿌여! 안녕.

4. ~して くれた　~해 주었다

~て くれた는 다른 사람이 나에게 '~해 주었다'라는 의미이다. ~て くれる는 행위를 받는 사람이 항상 나 또는 내 가족, 내 친구 등 '우리 측'에 있다는 의식이 있어야 쓸 수 있는 표현이다.

예 (わたしの) 友だちが (わたしの) 弟に ケーキを 買って くれました。(○)

(내) 친구가 (내) 남동생에게 케이크를 사 주었습니다.

(わたしの) 弟が (わたしの) 友だちに 本を 貸して くれました。(×)

(내) 남동생이 (내) 친구에게 책을 빌려 주었습니다.

5. 露天ぶろから 見える。　노천 온천에서 보이다.

여기서의 から는 동작의 기준점·출발점을 나타내며 '~에서, ~부터'라는 의미이다. 또한, 見る는 '보다', 見える는 '보이다'의 뜻임에 유의한다.

6. 雪が 積った 山　눈이 쌓인 산

積った는 積る의 과거형으로, ~た(~たり·たら)는 て형과 같은 꼴에서 접속되는 것에 유의하도록 한다.

예 私が 友だちに 書いた 手紙です。내가 친구에게 쓴 편지입니다.

友だちに 手紙を 書いて たのみました。 친구에게 편지를 써서 부탁했습니다.

7. 南の 方だから 남쪽이기 때문에

여기서의 から는 이유를 나타낸다.

（예） こどもだから よく わからない。 어린이이기 때문에 잘 모른다.

8. ～と 思ったが、 ～라고 생각했는데 · ～인 것 같았는데

思う는 '생각하다'라는 뜻이지만 ～と 思う의 형태로 쓰이면 '～일 것이다, ～인 것 같다'의 뜻으로 쓰인다.

9. それほどでは なかった。 그 정도는 아니었다.

ほど는 정도를 나타내는 말로 '～정도, ～만큼'의 뜻이다.

（예） 名古屋は 東京ほど 広く ありません。 나고야는 도쿄만큼 넓지 않습니다.

10. 機会が あれば 기회가 있으면

あれば는 ある의 가정형으로 가정의 의미를 나타내는 ば가 연결된 꼴이다.

11. もう 一度 한 번 더

もう는 '더', 一度는 '한 번'의 뜻이다. 우리말의 어순처럼 一度 もう라고는 하지 않는다.

12. ～て みたい ～해 보고 싶다

「～て + みる(보조 동사) + たい(보조 형용사)」의 형태로 '～해 보고 싶다'의 뜻이다. '보다'는 見る 이지만 보조 동사로 쓰일 때는 ひらがな로 표기한다.

（예） さしみが 食べて みたいです。 생선회를 먹어 보고 싶습니다.

1. から의 주요 용법

から의 용법은 다양한데, 대표적인 것은 다음과 같다.

▫ **기준**　　さるも 木から 落ちる。

원숭이도 나무에서 떨어진다.

▫ **출발 지점**　東京から ソウルまで

동경에서 서울까지

▫ **순서**　　あとから 来る。

나중에 온다.

▫ **통과 지점**　窓から ごみを すてては いけない。

창문으로 쓰레기를 버리면 안된다.

▫ **재료**　　酒は 米から つくる。

술은 쌀로 빚는다.

▫ **이유**　　暑いから 窓を 開けて ください。

더우니까 창문을 열어 주세요.

문제 풀기

1. 대화를 잘 듣고 질문에 답해 봅시다. 

   (1) 대화 내용과 일치하는 것은 무엇입니까?
   ① 料理は とても おいしかったです。　　② 旅館の 人は とても 親切でした。
   ③ 料理は あまり おいしく なかったです。　　④ Ｂさんは ホテルで 泊りました。

   (2) 여행지에서의 날씨는 어떠했습니까?
   ① 暑かった　　② 暖かった　　③ 少し 寒かった　　④ すこし 暑かった

2. 다음 보기와 같이 말해 봅시다. 

보기

A : どうでしたか。

B : とても おいしかったです。

①
A : どうでしたか。
B :

②
A : どうでしたか。
B :

③
A : どうでしたか。
B :

정
리
하
기

1. 다음 동사의 과거형을 써 봅시다.

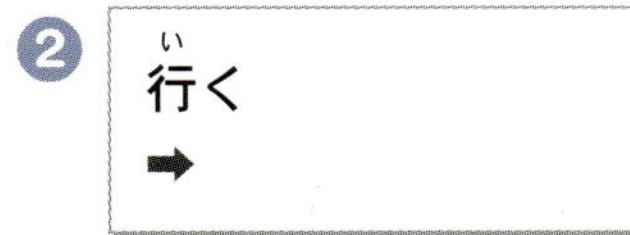

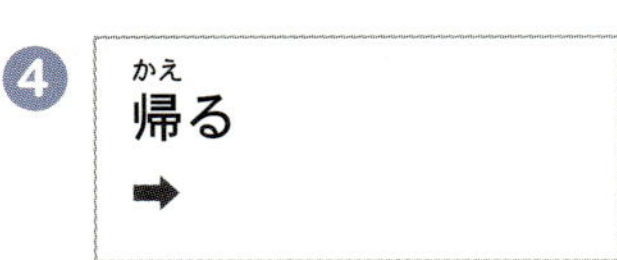

2. 다음 형용사(い형용사・な형용사)의 과거형을 써 봅시다.

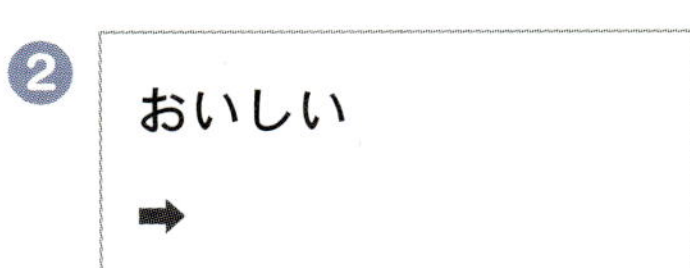

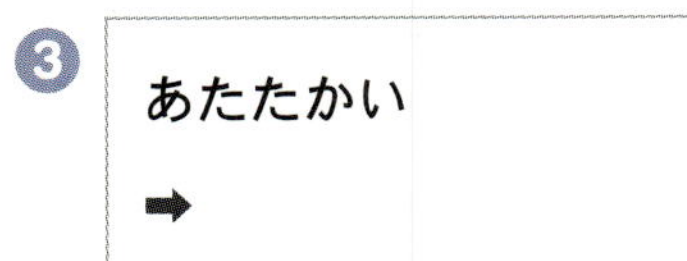

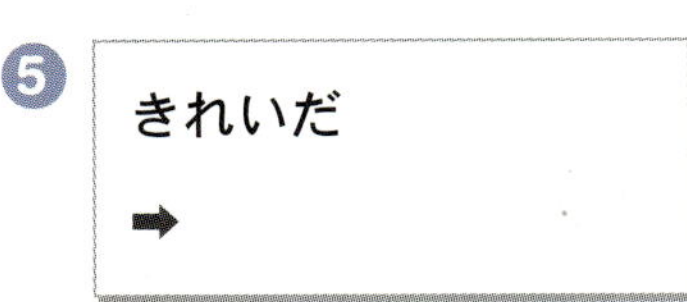

일본문화 알기

화폐 円えん

일본의 화폐는 최근에 나온 2,000엔권 지폐를 제외한 나머지 지폐 모두 메이지(明治, めいじ)시대에 활약한 인물이 실려 있는데, 이들은 서구 유학을 체험하고 일본의 개화를 선도하거나 국제 분야에서 일하는 등 당시로서는 국제통이라는 공통점을 갖고 있다.

가장 고액권인 10,000엔권 지폐에는 일본 최초의 대학인 게이오(慶応, けいおう)대학을 설립한 후쿠자와 유키치(福沢諭吉)라는 인물이 실려 있다. 메이지 시대에 살았던 그는 서양의 선진 문물의 도입을 통한 개혁과 교육의 중요성을 주창한 계몽사상가이다.

교육자에서 외교관으로 활약한 5,000엔권의 니토베 이나조(新渡戸稲造)는 도쿄 대학 교수와 도쿄여자대학의 초대 학장을 지낸 일본의 대표적인 교육가이다. 일본의 무사도에 대해서 영문으로 쓴 「무사도(武者道)」의 작가로도 유명하다.

1,000엔권에는 메이지 문단의 1인자인 나쓰메 소세키(夏目漱石)가 그려져 있다. 도쿄 출신으로 메이지 시대를 대표하는 일본 근대 문학의 대가라고 할 수 있는 그는 도쿄대학 영문과를 졸업한 후 영국 유학에서 돌아와 도쿄대학 강사와 아사히신문사의 기자를 거쳐 작가 활동에 전념하였다.

19 マナーを 守りましょう

매너를 지킵시다

일본의 거리에서 흔히 볼 수 있는 여러 가지 주의 표지판과 신문이나 잡지의 광고 내용을 익혀, 일본인의 일상생활에 접근해 보면서 권유·주의 사항·지시 등의 표현을 학습해 봅시다.

학 습 목 표

● 금지

・ゴミを 捨^すてては いけません。 쓰레기를 버려서는 안됩니다.

● 주의 사항

・ゴミは 各自^{かくじ} 持^もち帰^{かえ}りましょう。 쓰레기는 각자 가지고 돌아갑시다.
・マナーを 守^{まも}りましょう。 매너를 지킵시다.

● 권유

・やりたい 事^{こと}を して みませんか。 하고 싶은 일을 해 보지 않겠습니까?

단어 익히기

다음 단어를 잘 듣고, 따라서 읽어 봅시다.

일본어	우리말	일본어	우리말
マナー	매너	パソコン	컴퓨터
守る	지키다	自宅	자택
注意	주의	自分	자신
場所	장소	やる	하다
ゴミ	쓰레기	事	일
捨て場	버리는 곳	エクセル	엑셀
各自	각자	ワード	워드
持ち帰る	가지고 돌아가다	出張	출장
教える	가르치다	可	가능

다음 빈칸에 일본어나 우리말을 써 봅시다

マナー			주의
ゴミ			장소
捨て場			각자
エクセル			가르치다
守る			컴퓨터
持ち帰る			자택
自分			하다
ワード			출장

注意

この 場所は ゴミ捨て場では ありません。

ゴミは 各自 持ち帰りましょう。

ゴミを ここに 捨てないで ください!

マナーを 守りましょう!

京都市

教えます

パソコンを 自宅で!

自分の パソコンで

やりたい 事を して みませんか?

インターネット、メール、エクセル、ワード など

5000円 (2時間)より

大阪市 出張可

橋本　TEL 06-6904-3447

19　매너를 지킵시다

주의
이 장소는 쓰레기장이 아닙니다.
쓰레기는 각자 가지고 돌아갑시다.
쓰레기를 여기에 버리지 마세요.
매너를 지킵시다.

교토시

가르칩니다.
컴퓨터를 자택에서!
자신의 컴퓨터로 하고 싶은 일을 해 보지 않겠습니까?
인터넷, 메일, 엑셀, 워드 등
5000엔 (2시간)부터
오사카시 출장 가능

하시모토 TEL 06-6904-3447

본문 헤쳐 보기

マナーを 守りましょう 매너를 지킵시다

注意
주의

この 場所は ゴミ 捨て場では ありません。
이   장소는 쓰레기장이   아닙니다.

ゴミは 各自 持ち帰りましょう。
쓰레기는 각자 가지고 돌아갑시다.

ゴミを ここに 捨てないで ください!
쓰레기를 여기에 버리지   마세요.

マナーを 守りましょう!
매너를 지킵시다!

京都市
교토시

---

1. **ゴミ 捨て場では ありません。 쓰레기장이 아닙니다.**

   '쓰레기'는 ひらがな로 표기하지만 여기서 カタカナ로 표기한 것은 강조의 의미를 나타낸 것이 있다.
   捨て場(쓰레기장)는 동사인 捨てる(버리다)와 場所(장소)의 場가 합성된 복합어이다.

2. **持ち帰りましょう。 가지고 돌아갑시다.**

   동사 持つ(가지다)와 帰る(돌아가다)가 합성된 복합 동사이다.

3. **~ないで ください。 ~하지 마세요.**

   어떤 행위를 하지 말라고 부탁할 때 쓰는 표현이다. 동사가 ない형에 연결되는 것에 유의한다.

   예) びっくり しないで ください。 놀라지 마세요.

   テレビを 見ながら ごはんを 食べないで ください。 텔레비전을 보면서 밥을 먹지 마세요.

教えます
가르칩니다

パソコンを 自宅で!
컴퓨터를　자택에서!

自分の パソコンで やりたい 事を して みませんか**?**
자신의 컴퓨터로　하고 싶은 일을 해　보지 않겠습니까?

インターネット、メール、エクセル、ワード など
인터넷,　　　메일,　엑셀,　　워드 등

5000円 (2時間) より
5000 엔 (2 시간) 부터

大阪市 出張可
오사카시 출장 가능

橋本　TEL 06-6904-344
하시모토 TEL 06-6904-3447

---

4. 自宅で　자택에서

での는 동작이 이루어지는 장소를 나타내고 있다.

예 生徒たちが 教室で 勉強を して いる。 학생들이 교실에서 공부를 하고 있다.

5. 自分の パソコンで　자신의 컴퓨터로

여기서의 で는 수단·방법을 나타내고 있다.

예 鉛筆で ひらがなを 書いて いる。 연필로 히라가나를 쓰고 있다.

6. やりたい 事　하고 싶은 일

たい는 '~하고 싶다'의 뜻으로 동사의 ます형에 접속된다. やる와 する는 2가지 모두 '하다'의 뜻
이지만 무의지적인 동작을 나타낼 때는 やる를 쓸 수 없다.

> 예 息を する。 호흡을 하다.
>
> あくびを する。 하품을 하다.

7. 〜して みませんか? 〜해 보지 않겠습니까?

〜ましょうな 〜ませんかは 상대방에게 어떤 행동을 권할 때 쓰지만, 〜ましょうは 강한 느낌을 주므로 손윗사람에게는 쓰기가 어려우며 주의 사항을 지시하는 경우에 쓰인다. 이에 비해 〜ませんかは 정중한 느낌을 주는 표현이다.

> 예 ゴミは 持ち帰りましょう。 쓰레기는 가지고 돌아갑시다.
>
> 日本語を 習って 見ませんか。 일본어를 배워 보지 않겠습니까?

8. 出張可 출장 가능

出張可能(출장 가능)의 준말이다.

알아두기

1. 동사의 ない형 … ~ 하지 않는다

종 류	활용의 특징	기본형	~ない
1류 동사	[u] ➡ [a] + ない	読む 書く	読まない 書かない
2류 동사	[ru] ➡ [ru]ない	見る 食べる	見ない 食べない
3류 동사	불규칙	来る する	来ない しない

참고 어미가 う로 끝나는 경우에는 ～わない임에 유의한다.

2. で의 주요 용법

☐ 수단　手紙を えんぴつで 書く。 편지를 연필로 쓴다.

☐ 장소　学校で 日本語を 習う。 학교에서 일본어를 배우다.

☐ 가격　この かばんは 2,000円で 買いました。 이 가방은 2,000엔에 샀습니다.

☐ 이유　病気で 欠席した。 병으로 결석했다.

3. 전화 번호 읽기

우리와 같이 숫자를 하나씩 끊어 읽으며 ー(하이픈)은 の로 읽는다. 예를 들어, 03-1234-5678의 경우 ゼロ さんの いち に さん よん(し)の ご ろく なな(しち) はち라고 읽는다. 숫자 0은 れい 또는 ゼロ라고 하는데, 일반적으로 ゼロ를 많이 사용한다. 또한, 숫자의 중간에 0이 올 때는 まる 라고도 한다.

예 06-6904-3447 ゼロ ろくの ろく きゅう ゼロ よんの さん よん よん なな

マナーを 守りましょう

문제풀기

1. 대화를 잘 듣고 질문에 답해 봅시다. 

(1) 광고의 내용은 무엇입니까?
  ① 영어 강습　　② 일본어 강습　　③ 컴퓨터 강습　　④ 중국어 강습

(2) 강습의 결과로서 할 수 없는 것은 무엇입니까?
  ① 英語　　② 日本語　　③ 쇼핑　　④ 관광

(3) 1개월 수강료는 얼마입니까?
  ① 50,000 원　　② 60,000 원　　③ 70,000 원　　④ 80,000 원

2. 다음 그림을 보고 보기와 같이 말해 봅시다. 

보기

捨てる

ゴミを 捨てないで ください。

入る

❶

書く

❷

話す

❸

写真を とる

❹

정 리 하 기

1. 다음 동사에 희망을 나타내는 たい(~하고 싶다)를 연결해 봅시다.

①	②
する ➡	帰(かえ)る ➡

③	④
教(おし)える ➡	見(み)る ➡

2. 다음 단어에 해당하는 말을 カタカナ로 써 봅시다.

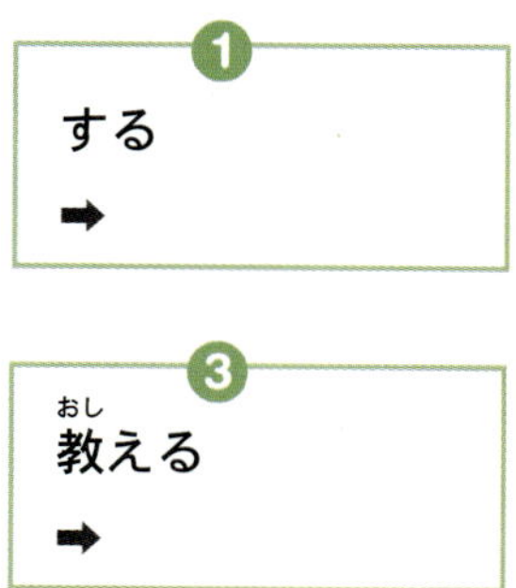

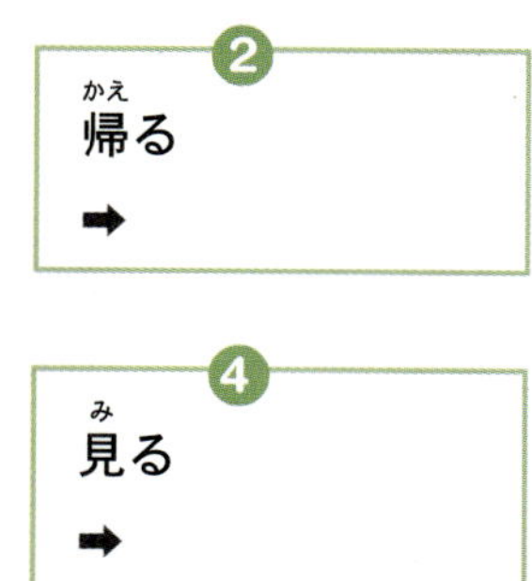

3. 다음 전화 번호를 ひらがな로 써 봅시다.

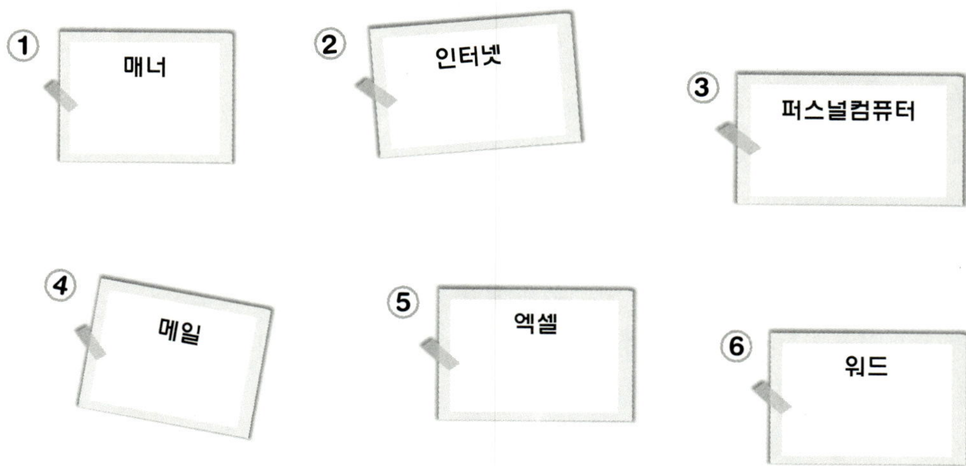

① 02-2687-0149

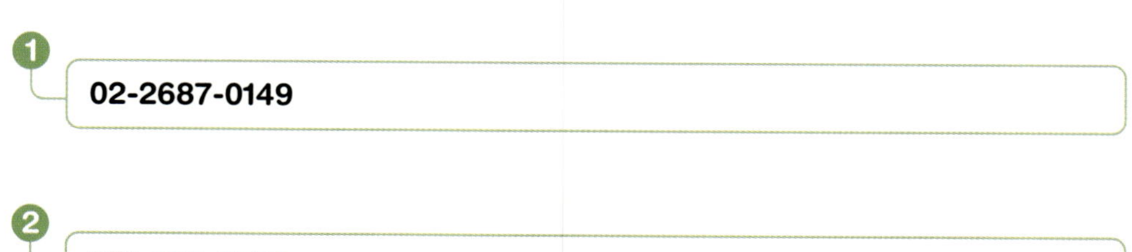

② 051-236-2579

일본문화 알기

기모노 着物きもの

일본의 전통 의상인 기모노(着物, きもの)는 오늘날 졸업식, 성인식, 결혼식, 파티 등의 특별한 행사 때 주로 입고 일상 생활에서는 거의 입지 않는다. 기모노의 특징으로는 다른 의복에서는 찾아 보기 힘든 오비(帯, おび - 허리띠)라는 것이 있다. 대개 앞쪽에 매듭이 있지만 오비는 몇 겹씩 감아 뒤쪽으로 매듭을 짓는 특징을 가지고 있다. 그리고, 기모노에는 다비(足袋, たび - 일본식 버선)를 신고 조리(草履, ぞうり)를 신는다.

여성용 기모노에는 미혼 여성들이 입는 일반 기모노보다 소매가 긴 후리소데(振袖, ふりそで)와 기혼 여성들이 입는 소매폭이 짧으며 무지에 가문과 옷자락에 무늬가 있는 도메소데(留袖, とめそで)가 있다.

남성용 기모노에는 하카마(はかま)가 있는데, 이는 남자의 예장용으로 허리 아래에 입는 품이 넓은 하의이다. 또한, 상의로는 실내외 어디서나 입을 수 있으며 가문을 나타내는 문양이 그려져 있는 하오리(羽織, はおり)가 있다.

20 今、すぐ 登録を!

지금, 바로 등록을!

인터넷의 발달로 정보가 넘쳐나는 시대입니다. 일본의 웹에서 사용되는 기초적인 표현과 지시 등에 대한 표현을 익혀, 일본의 웹페이지에 보다 가까이 접근해 봅시다.

학 습 목 표

● **환영**

・JJ メールへ ようこそ。 JJ 메일에 잘 오셨습니다.

● **설명**

・メールを 利用する ためには ログインが 必要です。

　메일을 이용하기 위해서는 로그인이 필요합니다.

● **가능**

・アドレスが 今すぐ 作れます。 주소를 지금 바로 만들 수 있습니다.

● **지시**

・JJに ログインして ください。 JJ 에 로그인해 주세요.

・こちらを ご覧ください。 이쪽을 보십시오.

단어 익히기

다음 단어를 잘 듣고, 따라서 읽어 봅시다.

メール	메일	無料	무료	プライバシー	프라이버시
ようこそ	잘 오셨습니다	世界中	온 세계	考え方	사고방식, 견해
利用する	이용하다	送受信	송수신	同意	동의
～ためには	～위해서는	可能	가능	場合	경우
ログイン	로그인	専用	전용	限る	한정하다
必要	필요	アドレス	주소	パスワード	패스워드
初めて	처음	作れる	만들 수 있다	記憶	기억
登録	등록	規約	규약	ご覧ください	보십시오(존경어)

● 다음 빈칸에 일본어나 우리말을 써 봅시다 ●

ようこそ			처음
とうろく			무료
専用			이용하다
そうじゅしん			필요
規約			주소
場合			프라이버시
ご覧ください			동의
世界中			패스워드
ログイン			기억

JJ メールへ ようこそ

JJ メールを 利用する ためには ログインが 必要です。

JJ の ご利用は 初めてですか。

JJ IDを 登録

●JJ メールは 無料です。 今すぐ 登録を!

●世界中の どこからでも、メールの 送受信が 可能。

●専用の メール アドレスが 今すぐ 作れます。

●利用規約と プライバシーの 考え方に 同意いただいた

場合に 限り、JJ に ログインして ください。

●「JJ IDと パスワードを 記憶」に ついては、こちらを ご覧ください。

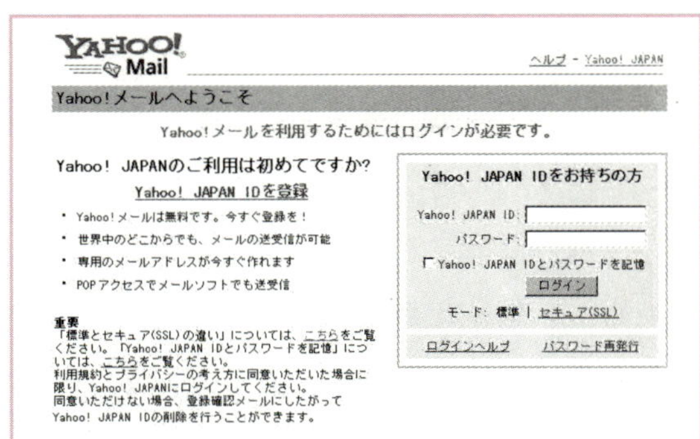

20 지금, 바로 등록을!

JJ 메일에 잘 오셨습니다.
JJ 메일을 이용하기 위해서는 로그인이 필요합니다.
JJ 이용은 처음이신가요?
JJ ID를 등록
● JJ 메일은 무료입니다. 지금 바로 등록을!
● 전 세계 어디에서라도 메일 송수신이 가능.
● 전용 메일 주소를 지금 바로 만들 수 있습니다.
● 이용 규약과 개인 정보에 동의받은 경우에 한하여, JJ에 로그인해 주세요.
●「JJ ID와 패스워드를 기억」에 관해서는, 이쪽을 보세요.

본문 헤쳐보기

今, すぐ登録を! 지금, 바로 등록을!

JJ メールへ ようこそ
JJ 메일에   잘 오셨습니다.

JJメールを 利用する ためには ログインが 必要です。
JJ 메일을   이용하기 위해서는   로그인이   필요합니다.

JJの ご利用は 初めてですか。
JJ   이용은   처음이신가요?

JJIDを 登録
JJ ID 를 등록

JJ メールは 無料です。 今すぐ 登録を!
JJ 메일은   무료입니다. 지금 바로 등록을!

1. ようこそ 잘 오셨습니다

상대방의 방문에 대해서 환영할 때 쓰는 말이다.

예) ようこそ おいで くださいました。 참으로 잘 오셨습니다.

2. 利用する ために(は) 이용하기 위해서(는)

～ためには 동사의 기본형에 접속되어 '～하기 위해서'의 의미를 갖는다.

예) 合格する ためには 一生懸命に 勉強する ことだ。

합격하기 위해서는 열심히 공부해야 한다.

3. 世界中 전 세계

中은 ちゅう・じゅう의 2가지로 발음된다. じゅう로 발음할 때는 어떤 범위의 전체, 범위 내에서 계속되는 전 기간을 나타낸다. ちゅう는 중간·도중의 시점을 나타낸다.

※ 단, 午前中(오전중)은 예외적으로 ごぜんちゅう로 발음되는 것에 유의할 것!

世界中の どこからでも、メールの 送受信が 可能。
전 세계　어디에서라도,　메일　　송수신이　가능.

専用の メール アドレスが 今すぐ 作れます。
전용　메일　주소를　　지금 바로 만들 수 있습니다.

利用規約と プライバシーの 考え方に 同意いただいた 場合に 限り、
이용 규약과 개인 정보의　　견해에　동의받은　　　경우에 한하여,

JJに ログインして ください。
JJ 에 로그인 해　　주세요.

「JJ IDと パスワードを 記憶」に ついては、こちらを ご覧ください。
「JJ ID와 패스워드를　기억」에 관해서는,　이쪽을　보세요.

예 1日中 働きました。　하루 종일 일했습니다.

1年中 遊んで います。 일년 내내 놀고 있습니다.

授業中ですから 静かに して ください。 수업중이니까 조용히 해 주세요.

4. どこからでも　어디에서라도

から는 '～에서, ～부터'의 뜻이며, でも는 '～라도'의 뜻이다.

5. アドレスが 今すぐ 作れます。　주소를 지금 바로 만들 수 있습니다.

作れる는 作る의 가능형으로 '만들 수 있다'의 뜻이다. 1류 동사는 어미 [u] → [e] + る로 고치면 가능의 의미가 된다. (p.223 참조)

예 書く 쓰다 ➡ 書ける 쓸 수 있다

読む 읽다 ➡ 読める 읽을 수 있다

6. 同意いただいた 場合　동의받은 경우

もらう(받다)의 겸양어는 いただく로서, ～た가 연결되어 いただいた가 된 것이다.

7. ～た 場合に 限り　～한 경우에 한하여·～한 경우에만

～に かぎり의 형태로 경계나 범위의 한정을 나타낸다.

예　女性に 限り 入場が できる。 여성에게만 입장이 가능하다.

8. ～に ついて(は)　～에 대해서(는)

Aに ついて와 같이 A라고 하는 대상에 관련된 내용을 나타낸다.

예　日本に ついて いろいろ 知って います。 일본에 대해서 여러 가지 알고 있습니다.

9. ご覧ください　보십시오

「お(ご) + 동사의 ます형·명사 + ください」는 경어의 존경 표현의 한 형태로 '～해 주십시오'의 뜻이다. 손윗사람에게나 정중한 장면에서 상대방에게 어떤 동작을 권유하거나 의뢰할 때 쓰인다.

예　お書きください。 쓰십시오.
　　ご連絡ください。 연락 주십시오.

1. お와 ご

(1) 일본어에서는 존경의 접두어로 お와 ご가 쓰인다. 상대방의 소유물이나 관계되는 명사·형용사 앞에 붙인다. 한자어에는 ご가 많이 쓰이나, 고유어를 비롯하여 일반적으로는 お가 많이 쓰인다.

お顔　얼굴	お名前　이름	ご連絡　연락

(2) 그 외에 단순히 말의 품위를 높이기 위하여 습관적으로 お를 붙이는 경우가 있다. 이런 것을 '미화어'라고 하며, 말하는 사람의 품위나 교양을 나타내기도 한다.

お花　꽃	お菓子　과자	お米　쌀

(3) お를 붙이기 어려운 단어로는 외래어, 뉘앙스가 좋지 않은 단어, お로 시작하는 단어 등이 있다.

2. 동사의 가능형

종 류	활용의 특징	기본형	가능형
1류 동사	[u] ➡ [e] + る	行く 読む	行ける 読める
2류 동사	[ru] ➡ [rare] + る	見る 食べる	見られる 食べられる
3류 동사	불규칙	来る する	来られる できる

문제 풀기

1. 대화를 잘 듣고 질문에 답해 봅시다.

   (1) 대화의 내용과 일치하는 것에 모두 ○표 해 봅시다.
   ① 나카무라 씨는 메일 주소가 없다 (　　)
   ② 다나카 씨는 메일을 자주 이용하지 않고 있다. (　　)
   ③ 나카무라 씨는 아직 인터넷에 익숙해 있지 않다. (　　)
   ④ JJ메일은 무료로 사용할 수 있다. (　　)

   (2) 다나카 씨가 메일을 주고받는 사람에 모두 ○표 해 봅시다.
   ① 회사 사람　　　　② 선생님　　　　③ 애인　　　　④ 친구
   　( )　　　　　　　　( )　　　　　　　( )　　　　　　　( )

2. 다음 그림을 보고 보기와 같이 말해 봅시다. 

メール・ログイン

➡ メールを 利用する ためには
ログインが 必要です。

① 

すし・はし

➡

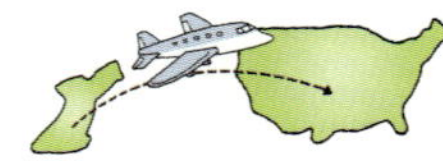

アメリカ・ひこうき

②

➡

ほっきょく・スキー

③ 

➡

1. 다음 보기와 같이 동사의 가능 동사를 써 봅시다.

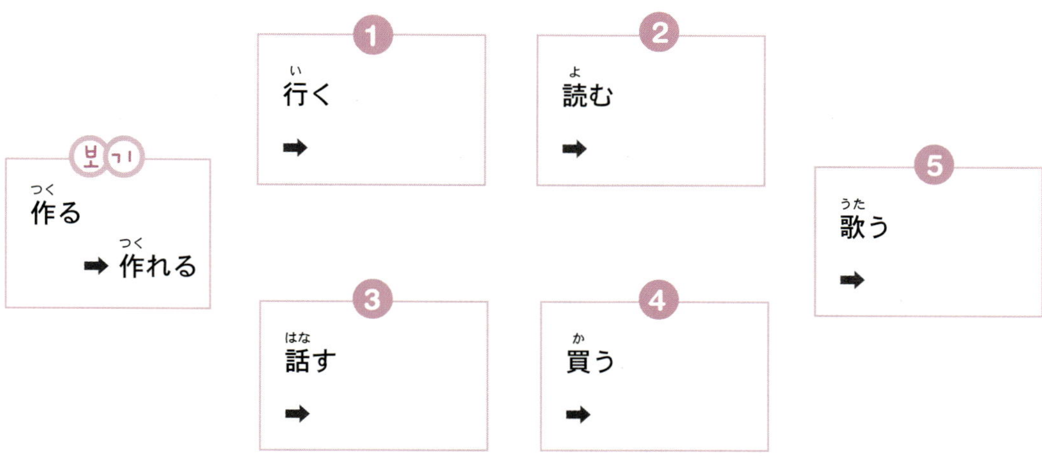

2. 다음 단어에 해당하는 말을 カタカナ로 써 봅시다.

일본 문화 알기

하나비 花火はなび

매년 7, 8월이 되면 전국 곳곳에서 하나비 다이카이(花火大会, はなびだいかい – 불꽃놀이 축제)가 열려서 밤하늘을 화려하게 수놓는다. 돈많은 사업체들이 스폰서가 되어 쏘아 올리는 불꽃은 많게는 2만발에서 적게는 1500발까지 그 종류도 매우 다양하다. 이 때가 되면 곱게 기모노(着物, きもの)나 유카타(浴衣, ゆかた)를 입고 조리(草履, ぞうり)를 신은 여성들이 하나비(花火, はなび) 구경을 하러 가는 풍경을 흔하게 볼 수 있다.

부 록

1. はじめまして

A　やあ、こんにちは。さとうさん! ひさしぶりですね。
B　こんにちは、たかはしさん。
A　しょうかいします。こちらは 韓国の イミンホさん です。
C　はじめまして。イーと もうします。かいしゃいんです。 どうぞ よろしく おねがいします。
B　はじめまして。さとうです。 こちらこそ よろしく おねがいします。

해석
A　야, 안녕하세요. 사토 씨! 오랜만이군요.
B　안녕하세요, 다카하시 씨.
A　소개할게요. 이쪽은 한국의 이민호씨입니다.
C　처음 뵙겠습니다. 李라고 합니다. 회사원입니다. 잘 부탁합니다.
B　처음 뵙겠습니다. 사토입니다. 저야말로 잘 부탁합니다.

2. おたんじょうび おめでとうございます

A　もりさん、おたんじょうび おめでとうございます。 これ、ばらの 花です。どうぞ。
B　わあ、きれいですね。 どうも ありがとうございます。
C　これも どうぞ。
B　えっ、これは 何ですか。
C　ネクタイです。
B　かわいい ネクタイですね。

해석
A　모리 씨, 생일 축하합니다. 이거, 장미꽃이에요. 받으세요.
B　와, 예쁘군요. 정말 고맙습니다.
C　이것도 받으세요.
B　아니, 이것은 뭐에요?
C　넥타이입니다.
B　예쁜 넥타이군요.

3. サッカーが すきですか

A　パクさんは 日本料理が すきですか。
B　はい、すしと そばが だいすきです。
A　あ、そうですか。
B　もりさんは 料理が 上手ですか。
A　いいえ、あまり 上手では ありません。 パクさんは どうですか。
B　わたしも 上手では ありません。

해석
A　박민수 씨는 일본 요리를 좋아합니까?
B　예, 초밥과 모밀을 좋아합니다.
A　아, 그래요?
B　모리 씨는 요리를 잘 합니까?
A　아니오, 그다지 잘하지 못합니다. 박민수 씨는 어때요?
B　나도 잘 못해요.

4. コンピューターは どこに ありますか

A　ここは わたしの きょうしつです。
B　わあ、ひろいですね。テレビも ありますね。
A　コンピューター と ビデオも ありますよ。
B　でんわも ありますか。
A　いいえ、でんわは ありません。

해석
A　여기는 우리 교실입니다.
B　와, 넓군요. 텔레비전도 있군요.
A　컴퓨터와 비디오도 있어요.
B　전화도 있습니까?
A　아니오, 전화는 없습니다.

5. 家族は 4人 います

A　これは ご家族の しゃしんですね。
B　はい、そうです。
A　この かたは おかあさんですか。
B　いいえ、母では ありません。あねです。

A 何人 かぞくですか

B わたしの かぞくは よにん います。

A 이건 가족 사진이군요.

B 예, 그렇습니다.

A 이 분은 어머니인가요?

B 아니오, 어머니가 아닙니다. 언니입니다.

A 가족이 몇 명입니까?

B 우리 가족은 4명입니다.

6. インターネットを よく 使いますか

A 前田さんは 土曜日の 午後 何を しますか。

B 田村さんと 映画を 見ます。

A 映画は 何時からですか。

B ごご 4時からです。

A 마에다 씨는 토요일 오후 무엇을 합니까?

B 다무라 씨와 영화를 봅니다.

A 영화는 몇 시부터입니까?

B 오후 4시부터입니다.

7. この ぼうしは いくらですか

A いらっしゃいませ。

B すみません。この 本、いくらですか。

A 3,000円です。

B これ、ください。

A 어서 오십시오.

B 실례합니다. 이 책, 얼마입니까?

A 3,000엔입니다.

B 이거 주십시오.

8. 映画を 見に 行きませんか

A ゆみこさん、サッカー 好きですか。

B ええ、見るのは 好きですよ。

A それじゃ、水曜日の 夜、サッカーを 見に 行きませんか。

B すみません。約束が あって。

A 유미코 씨, 축구 좋아하세요?

B 예, 보는 것은 좋아합니다.

A 그럼, 수요일 밤에 축구를 보러 가지 않을래요?

B 미안합니다. 약속이 있어서.

9. ぼくは ピビンバに します

A あついですね。田中さん、何か 飲みますか。

B はい、そうしましょう。

あ! あそこに お店が 見えますね。

A 何に しますか。

B ぼくは コーラに します。前田さんは 何に しますか。

A ぼくは ジュースに します。

A 덥군요. 다나카 씨, 뭔가 마실래요?

B 예, 그렇게 합시다. 아! 저기에 가게가 보이는군요.

A 무엇으로 하겠습니까?

B 난 콜라로 하겠습니다.

마에다 씨는 무엇으로 하겠습니까?

A 나는 주스로 하겠습니다.

10. とても すばらしかったです

A 田中さん、チェジュドは どうでしたか。

B ええ、とても よかったです。

けしきも いいし、海も 山も とても きれいだったです。

A そうですか。食べ物は どうでしたか。

B さしみが 1番 おいしかったですよ。

A そうですか。わたしも 行って みたいですね。

A 다나카 씨, 제주도는 어떠했습니까?

B 예, 매우 좋았습니다.

경치도 좋고, 바다도 산도 매우 아름다웠습니다.

A 그래요? 음식은 어떠했습니까?

B 생선회가 가장 맛있었습니다.

A　そうですか? 나도 한 번 가 보고싶네요.

11. 病院は どこですか

A　あのう、すみません。

B　はい、なんですか。

A　この 近くの 銀行は どこですか。

B　ここを まっすぐ 行くと ゆうびんきょくが あります。

A　ゆうびんきょくですね。

B　その ゆうびんきょくの となりに あります。

A　ああ、そうですか。どうも ありがとうございました。

A　저, 실례하겠습니다.

B　네, 무슨 일입니까?

A　이 근처에 은행은 어디입니까?

B　여기를 곧장 가면 우체국이 있습니다.

A　우체국말이지요.

B　그 우체국 옆에 있습니다.

A　아, 그렇습니까? 대단히 감사합니다.

12. 日本へ 旅行した ことが ありますか

A　イーさん、すもうを 見た ことが ありますか。

B　ええ、見た ことが あります。
　　韓国でも えいせい放送で 見る ことが できます。

A　そうですか。おもしろいですか。

B　はい。おもしろいですが、あまり すきじゃ ありません。

A　이미라 씨, 스모를 본 적이 있습니까?

B　네, 본 적이 있습니다.
　　한국에서도 위성방송으로 볼 수 있습니다.

A　그렇습니까? 재미있습니까?

B　네. 재미있습니다만, 별로 좋아하지는 않습니다.

13. 山田さんの お宅ですか

A　もしもし、もりさんを おねがいします。

B　はい、わたしですが。

A　やまだですが、きょう 4時に 会いませんか。

B　どこでですか。

A　学校の まえは どうですか。

B　学校の まえですか。ええ、いいですよ。

A　여보세요, 모리 씨를 부탁합니다.

B　네, 전데요.

A　야마다입니다만, 오늘 4시에 만나지 않겠습니까?

B　어디서말입니까?

A　학교 앞은 어떻습니까?

B　학교 앞 말입니까? 네, 좋습니다.

14. 食べても いいですか

A　コーヒーを どうぞ。

B　すみませんが、コーヒーは ちょっと…。

A　どうしたんですか。おからだが わるいんですか。

B　はい、かぜを ひきました。

A　お医者さんへ 行きましたか。

B　はい、くすりを 飲んだら よく なる そうです。

A　お茶は どうですか。

B　お茶なら 飲んでも いいです。

A　じゃ、お茶を どうぞ。

B　はい、いただきます。

A　커피 드세요.

B　미안합니다만, 커피는 좀….

A　왜 그러세요? 몸이 안 좋으세요?

B　네, 감기가 걸렸어요.

A　의사에게 갔었어요?

B　네, 약을 먹으면 좋아진다고 해요.

A　녹차는 어떻습니까?

B　녹차라면 마셔도 됩니다.

A　그럼, 녹차 드세요.

B　네, 잘 먹겠습니다.

15. 今、何を 見て いますか

A　今、何を して いますか。

B　部屋の そうじを して います。あなたは?

A　わたしは 今 日本料理を 作って います。

B　あ、そうですか。何の 料理を 作って いますか。

A　すきやきを 作って います。すきやきが すきですか。

B　はい、だいすきです。

A　では、食べに きて ください。

B　はい、すぐ 行きます。

A　지금 무엇을 하고 있습니까?

B　방 청소를 하고 있습니다. 당신은요?

A　나는 지금 일본 요리를 만들고 있습니다.

B　아, 그렇습니까? 무슨 요리를 만들고 있습니까?

A　스키야키를 만들고 있습니다. 스키야키를 좋아합니까?

B　네, 아주 좋아합니다.

A　그럼, 먹으러 오세요.

B　네, 금방 가겠습니다.

16. どう 書けば いいですか

A　入国の 目的は 何ですか。

B　ホームステイです。

A　そうですか。ここに ホームステイ先の アドレスを
　　書いて ください。

B　ここですね。これで いいですか。

A　はい、いつまで 日本に いるんですか。

B　きょうから 2週間です。

해석

A　입국 목적은 무엇입니까?

B　홈스테이입니다.

A　그렇군요. 여기에 홈스테이하는 곳의 주소를 쓰세요.

B　여기죠? 이것으로 됐습니까?

A　예, 언제까지 일본에 있습니까?

B　오늘부터 2주일입니다.

17. まもなく 成田に
　　倒着する 予定です

みなさん、こんにちは。

この 飛行機は 1時 なりたを 出発しました。

今、窓の そとに 富士山が 見えます。

あと 1時間ほどで インチョン空港に 着く 予定です。

今、インチョンの 天気は 曇りです。

해석

여러분, 안녕하세요.

이 비행기는 1시 나리타를 출발했습니다.

지금, 창 밖으로 후지산이 보입니다.

앞으로 1시간 정도면 인천공항에 도착할 예정입니다.

현재, 인천의 날씨는 흐립니다.

18. 別府の 旅行は
　　とても 楽しかった

A　別府の 旅行は どうでしたか。

B　とても よかったですよ。
　　料理も ほんとうに おいしかったです。

A　そうですか。どこで 泊りましたか。

B　旅館で 泊りましたが、旅館の 人も とても 親切に して
　　くれたし、露天ぶろも とても よかったんです。

A　暖かかったですか。

B　いいえ、少し 寒かったです。

해석

A　벳뿌 여행은 어떠했습니까?

B　매우 좋았죠. 요리도 정말 맛있었습니다.

A　그래요. 어디서 묵었습니까?

B　여관에서 묵었습니다만, 여관 종업원도 매우 친절하게
　　대해 주었고, 노천 온천도 매우 좋았습니다.

A　따뜻했습니까?

B　아니오, 조금 추웠습니다.

19. マナーを 守りましょう

コンピューターを 習いませんか。

インターネットも 習います。

インターネットでは 日本語を 習う ことが できます。

英語も 習う ことが できます。

買い物も できます。
1ヵ月、80,000ウォンです。
ご連絡ください。
ジョ（電話 02-2690-1887 ）

컴퓨터를 배우지 않겠습니까?
인터넷도 배웁니다.
인터넷에서는 일본어를 배울 수 있습니다.
영어도 배울 수 있습니다.
쇼핑도 할 수 있습니다.
1개월, 80,000원입니다.
연락주십시오.
조 (전화 02-2690-1887)

20. 今、すぐ 登録を!

A　田中さん、E・メールの アドレス ありますか。

B　はい、ありますよ。kb2002@jj.comです。

A　メールを よく 使いますか。

B　ええ、恋人とか 友だち、会社の 人と よく 使います。

A　それでは、メールを 送る ためには お金が かかりますか。

B　いいえ、私の 場合は 無料の JJメールを 使って います。
　　とても 便利ですよ。中村さんは メールを よく 使いま
　　せんか。

A　ええ、まだ インターネットに なれて いませんので…。

B　メールの アドレスは ありますか。

A　ええ、メールの アドレスは ありますよ。

A　다나카 씨, 이메일 주소 있습니까?
B　네, 있습니다. kb2002@jj.com입니다.
A　메일을 자주 사용합니까?
B　네, 애인이라던가 친구, 회사 사람과 자주 사용합니다.
A　그럼 메일을 보내는데는 돈이 듭니까?
B　아니오, 저의 경우는 무료 JJ메일을 사용하고 있습니다.
　　매우 편리하죠. 나카무라 씨는 메일을 자주 안 씁니까?
A　네, 아직 인터넷에 익숙하지 않아서….
B　메일 주소는 있습니까?
A　네, 메일 주소는 있습니다.

해 답

1. はじめまして

문제풀기

1. (1) ③　　　(2) ②　　　(3) ④
2. ① パクミンス / 銀行員
   ② もり / 会社員
   ③ イミラ / 韓国人
   ④ たなか / 学生

정리하기

2. ① よ / ざ
   ② ん / す
   ③ め / て
   ④ に / は
   ⑤ か / さ
   ⑥ ぞ / ろ / ね / ま

2. おたんじょうび おめでとうございます

문제풀기

1. (1) ③　　　(2) ④　　　(3) ③
2. ① A : そつぎょう
   ② A : ごうかく
   ③ A : けっこん
   ④ A : にゅうがく

정리하기

1. ① A : お茶を どうぞ。
      B : いただきます。
   ② A : コーラを どうぞ。
      B : いただきます。
   ③ A : コーヒーを どうぞ。
      B : いただきます。
   ④ A : くだものを どうぞ。
      B : いただきます。
2. ① ネクタイ
   ② ハンカチ
   ③ ばらの はな
   ④ プレゼント

3. サッカーが すきですか

문제풀기

1. (1) ①　　　(2) ②　　　(3) ③
2. ① A : きれいですか。
      B : いいえ、きれいでは ありません。
   ② A : おいしいですか。
      B : いいえ、おいしく ありません。
   ③ A : しずかですか。
      B : いいえ、しずかでは ありません。
   ④ A : ひろいですか。
      B : いいえ、ひろく ありません。

정리하기

1. ① きれいです / きれいでは ありません / きれいな
   ② じょうずです / じょうずでは ありません / じょうずな
   ③ しずかです / しずかでは ありません / しずかな
   ④ しんせつです / しんせつでは ありません / しんせつな
2. ① たのしいです / たのしく ありません / たのしい
   ② たかいです / たかく ありません / たかい
   ③ やすいです / やすく ありません / やすい
   ④ おもしろいです / おもしろく ありません / おもしろい

4. コンピューターは どこに ありますか

문제풀기

1. (1) ②　　　(2) ①
2. ① A : かばんは どこに ありますか。
      B : かばんは つくえの したに あります。
   ② A : テレビは どこに ありますか。
      B : テレビは テーブルの うえに あります。

③Ａ : いすは どこに ありますか。

　　Ｂ : いすは つくえの まえに あります。

④Ａ : でんわは どこに ありますか。

　　Ｂ : でんわは コンピューターの となりに あります。

정리하기

1. ① よこ

　② まえ

　③ した

　④ うしろ

　⑤ うえ

2. ①Ｂ : 日本語の 本が あります。

　②Ｂ : めがねが あります。

　③Ｂ : しんぶんが あります

　④Ｂ : かばんが あります。

5. 家族は 4人 います

문제풀기

1. (1) ③　　　(2) ②

2. ①Ａ : やまださんは どこに いますか。

　　Ｂ : やまださんは にわに います。

　②Ａ : ねこは どこに いますか。

　　Ｂ : ねこは テーブルの したに います。

　③Ａ : いぬは どこに いますか。

　　Ｂ : いぬは くるまの となりに います。

　④Ａ : もりさんは どこに いますか。

　　Ｂ : もりさんは 公園に います。

정리하기

1. ① はは

　② あね

　③ いもうと

　④ おとうさん

　⑤ おにいさん

　⑥ おとうとさん

2. ① ひとり

② ふたり

③ さんにん

④ よにん

⑤ ごにん

⑥ ろくにん

⑦ しちにん

⑧ はちにん

⑨ きゅうにん

⑩ じゅうにん

3. ① あります

　② います

　③ あります

　④ います

　⑤ います

6. インターネットを よく 使いますか

문제풀기

1. (1) ③　　　(2) ②

2. ①Ａ : 飲みますか。

　　Ｂ : はい、飲みます。

　②Ａ : 見ますか。

　　Ｂ : はい、見ます。

　③Ａ : 買いますか。

　　Ｂ : はい、買います。

　④Ａ : 行きますか。

　　Ｂ : はい、行きます。

정리하기

1.

2時	3時	4時	5時	6時	7時
にじ	さんじ	よじ	ごじ	ろくじ	しちじ

8時	9時	10時	11時	12時
はちじ	くじ	じゅうじ	じゅういちじ	じゅうにじ

日曜日	月曜日	火曜日	水曜日
にちようび	げつようび	かようび	すいようび
木曜日	金曜日	土曜日	何曜日
もくようび	きんようび	どようび	なんようび

2. ① 2류 / おきます / おきながら
　　② 3류 / します / しながら
　　③ 2류 / たべます / たべながら
　　④ 2류 / みます / みながら
　　⑤ 1류 / やすみます / やすみながら
　　⑥ 1류 / おくります / おくりながら
　　⑦ 1류 / つかいます / つかいながら

7. この ぼうしは いくらですか

문제풀기

1. (1) ③　　(2) ③
2. ① もう すこし おおきいのは ありませんか。
　　② もう すこし ながいのは ありませんか。
　　③ もう すこし ひろいのは ありませんか。
　　④ もう すこし かるいのは ありませんか。

정리하기

1.

100	300	600	800
ひゃく	さんびゃく	ろっぴゃく	はっぴゃく

900	3,000	9,000
きゅうひゃく	さんぜん	きゅうせん

10,000	60,000	100,000
いちまん	ろくまん	じゅうまん

2. ① やすく ない / やすく ありません / やすく ないです
　　② とおく ない / とおく ありません / とおく ないです
　　③ あつく ない / あつく ありません / あつく ないです
　　④ ながく ない / ながく ありません / ながく ないです

8. 映画を 見に 行きませんか

문제풀기

1. (1) ③　　(2) ④
2. (1) － ③
　　(2) － ④
　　(3) － ①
　　(4) － ⑤
　　(5) － ②

정리하기

1. (1)

1月	2月	3月	4月
いちがつ	にがつ	さんがつ	しがつ
5月	6月	7月	8月
ごがつ	ろくがつ	しちがつ	はちがつ
9月	10月	11月	12月
くがつ	じゅうがつ	じゅういちがつ	じゅうにがつ

(2)

1日	2日	3日	4日
ついたち	ふつか	みっか	よっか
5日	6日	7日	8日
いつか	むいか	なのか	ようか
9日	10日	14日	20日
ここのか	とおか	じゅうよっか	はつか
24日	何日		
にじゅうよっか	なんにち		

2. ① たべに
　　② のみに
　　③ かいに
　　④ 勉強を しに
　　⑤ 研究に
　　⑥ アルバイトに

9. ぼくは ピビンバに します

문제풀기

1. (1) ①　　　(2) ②
2. ①Ａ : ハンバーガーと ピザーと どちらが いいですか。
   Ｂ : ピザーに します。
   ②Ａ : サイダーと ジュースと どちらが いいですか。
   Ｂ : ジュースに します。
   ③Ａ : カルビタンと プルゴギと どちらが いいですか。
   Ｂ : カルビタンに します。
   ④Ａ : アイスクリームと コーラと どちらが いいですか。
   Ｂ : アイスクリームに します。

정리하기

1. ① ふたつ / みっつ / いつつ / むっつ / ななつ / ここのつ
   ② にほん / よんほん / ごほん / ろっぽん / はっぽん /
   きゅうほん / じゅっぽん(じっぽん)
   ③ ふたり / さんにん / ごにん / ろくにん / ななにん /
   きゅうにん / じゅうにん
   ④ いちまい / さんまい / よんまい / ろくまい /
   はちまい / きゅうまい / じゅうまい
2. ① たべましょう
   ② おきましょう
   ③ みましょう
   ④ しましょう
   ⑤ いきましょう

10. とても すばらしかったです

문제풀기

1. (1) ①　　　(2) ③
2. ①Ａ : 映画は とても おもしろかったですよ。
   Ｂ : わたしも 見て みたいですね。
   ②Ａ : ディズニーランドは とても 楽しかったですよ。
   Ｂ : わたしも 行って みたいですね。
   ③Ａ : ハンラサンは とても すばらしかったですよ。
   Ｂ : わたしも 行って みたいですね。

정리하기

1. ① おおかった / おおかったです
   ② あつかった / あつかったです
   ③ おいしかった / おいしかったです
   ④ よかった / よかったです
   ⑤ おもしろかった / おもしろかったです
2. ① のんで みたいです
   ② かいて みたいです
   ③ およいで みたいです
   ④ かって みたいです

11. 病院は どこですか

문제풀기

1. (1) ①　　　(2) ③
2. ①Ｂ : この 道を ひだりに まがると あります。
   ②Ｂ : この 道を まっすぐ 行って みぎに まがると
   ひだりに あります。
   ③Ｂ : この 道を まっすぐ 行って ひだりに まがると
   みぎに あります。
   ④Ｂ : この 道を まっすぐ 行くと あります。

정리하기

1. ① まっすぐ
   ② ひだり
   ③ みぎ
2. ①Ａ : ですか
   Ｂ : ひだりに まがると あります。
   ②Ａ : ですか
   Ｂ : まっすぐ 行くと あります。
   ③Ａ : ありますか
   Ｂ : みぎに まがると あります。
   ④Ａ : 行ったら いいですか(いいでしょうか)。
   또는 行けば いいですか(いいでしょうか)。
   Ｂ : ひだりに まがって すこし 行くと
   みぎに あります。

12. 日本へ 旅行した ことが ありますか

1. (1) ②　　　(2) ③
2. ① B : はい、見た ことが あります。
　　　　いいえ、まだ 一度も 見た ことが ありません。
　② B : はい、話した ことが あります。
　　　　いいえ、一度も 話した ことが ありません。
　③ B : はい、書いた ことが あります。
　　　　いいえ、一度も 書いた ことが ありません。
　④ B : はい、作った ことが あります。
　　　　いいえ、一度も 作った ことが ありません。

정리하기

1. ① 休んで / 休んだ / 休んだり
　② 遊んで / 遊んだ / 遊んだり
　③ して / した / したり
　④ 食べて / 食べた / 食べたり
　⑤ 買って / 買った / 買ったり
　⑥ 入って / 入った / 入ったり
2 ① 飲める / 飲まれる / 飲む ことが できる
　② 使える / 使われる / 使う ことが できる
　③ 食べられる / 食べる ことが できる
　④ 来られる / 来る ことが できる
　⑤ 泳げる / 泳がれる / 泳ぐ ことが できる
　⑥ 話せる / 話される / 話す ことが できる

13. 山田さんの お宅ですか

문제풀기

1. (1) ②　　　(2) ③　　　(3) ④
2. ① もり / たなか
　② キム / さとう
　③ イー / はやし
　④ りか / あゆみ

정리하기

1. ① とうきょう ふ さん よんの いち に ご なな
　② ゼロ きゅう ゼロの きゅう に さんの よん さん なな はち
　③ さん いち ゼロの よん ご いち に
　④ ゼロ さんの ご よん さん にの きゅう はち なな ろく
　⑤ ゼロ いち いちの はち いちの さんの よん に ごの さん きゅう はち ろく
2. ① また お電話します。
　② 先生に よろしく お伝えください。
　③ 何時ごろ お帰りですか。
　④ 先生、いらっしゃいますか。
　⑤ もしもし、ユリさんの お宅ですか。

14. 食べても いいですか

문제풀기

1. (1) ②　　　(2) ①
2. ① A : 泳いでも いいですか。
　　　B : いいえ、およいでは いけません。
　② A : 車を 止めても いいですか。
　　　B : いいえ、とめては いけません。
　③ A : 入っても いいですか。
　　　B : いいえ、はいっては いけません。
　④ A : ごみを 捨てても いいですか。
　　　B : いいえ、すてては いけません。

정리하기

1. ① なると / たったら
　② まがると / まがったら
　③ たべると / たべたら
　④ すると / したら
　⑤ かうと / かったら
　⑥ のむと / のんだら
2. ① とめても いいですか
　② つかっても いいですか

③ すてても いいですか
④ すっても いいですか
⑤ はいっても いいですか

15. 今、何を 見て いますか

문제풀기

1. (1) ②　　　(2) ②
2. ① B : へやの そうじを して います。
　　② B : テレビを 見て います。
　　③ B : 手紙を 書いて います。
　　④ B : 歌を 歌って います。

정리하기

1. ① あそんで いる
　② あるいて いる
　③ はなして いる
　④ あって いる
　⑤ のって いる
　⑥ たって いる
2. ① ふって
　② ながれて
　③ ないて
　④ しまって
　⑤ よごれて

16. どう 書けば いいですか

문제풀기

1. (1) ①　　　(2) ③　　　(3) ②
2. ① A : あの、すみません。
　　　　かさを お願いできますか。
　　② A : あの、すみません。
　　　　ボールペンを お願いできますか。
　　③ A : あの、すみません。
　　　　はしを お願いできますか。

17. まもなく 成田に 倒着する 予定です

문제풀기

1. (1) ③　　　(2) ③　　　(3) ②
2. ① B : あさって 行く 予定です。
　　② B : 1時 30分に 着く 予定です。
　　③ B : 10日後 開く 予定です。

정리하기

1. ① お読みください
　② お書きください
　③ ご利用ください
　④ ご着席ください
　⑤ おすわりください
　⑥ お入りください
2. ① ひこうき
　② しゅっぱつ
　③ まど
　④ とうちゃく
　⑤ よてい
　⑥ りよう
　⑦ こうど
　⑧ こうくう

18. 別府の 旅行は とても 楽しかった

문제풀기

1. (1) ① ②　　(2) ③
2. ① B : とても うつくしかったです(きれいでした)。
　　② B : とても 寒かったです。
　　③ B : とても 親切でした。

정리하기

1. ① 思った

②行った
③食べた
④帰った
2. ①楽しかった
②おいしかった
③あたたかかった
④親切だった
⑤きれいだった

19. マナーを 守りましょう

문제풀기

1. (1) ③　　　(2) ④　　　(3) ④
2. ①入らないで ください。
②書かないで ください。
③話さないで ください。
④写真を とらないで ください。

정리하기

1. ①したい
②帰りたい
③教えたい
④見たい
2. ①マナー
②インターネット
③パソコン
④メール
⑤エクセル
⑥ワード
3. ①ゼロ にの に ろく はち ななの ゼロ いち よん きゅう
②ゼロ ご いちの に さん ろくの に ご なな きゅう

20. 今、すぐ 登録を!

문제풀기

1. (1) ③ ④　　　　(2) ① ③ ④
2. ①すしを 食べる ためには はしが 必要です。
②アメリカへ 行く ためには ひこうきが 必要です。
③北極に 行く ためには スキーが 必要です。

정리하기

1. ①行ける
②読める
③話せる
④買える
⑤歌える
2. ① ログイン
② プライバシー
③ アドレス
④ パスワード

동사 활용표

1류 동사 · U동사 · 5단 동사

기본형 사전형	書く 쓰다	泳ぐ 헤엄치다	買う 사다	待つ 기다리다	乗る 타다
ます형 ません・ました ましょう・たい	かきます	およぎます	かいます	まちます	のります
て형	かいて	およいで	かって	まって	のって
た형 たら・たり	かいた	およいだ	かった	まった	のった
ない형	かかない	およがない	かわない	またない	のらない
ば형	かけば	およげば	かえば	まてば	のれば
의지형 う・よう형	かこう	およごう	かおう	まとう	のろう
명령형	かけ	および	かえ	まて	のれ
가능형	かける	およげる	かえる	まてる	のれる
れる(られる)	かかれる	およがれる	かわれる	またれる	のられる
せる(させる)	かかせる	およがせる	かわせる	またせる	のらせる

기본형 사전형	死ぬ 죽다	遊ぶ 놀다	読む 읽다	話す 말하다
ます형 ません・ました ましょう・たい	しにます	あそびます	よみます	はなします
て형	しんで	あそんで	よんで	はなして
た형 たら・たり	しんだ	あそんだ	よんだ	はなした
ない형	しなない	あそばない	よまない	はなさない
ば형	しねば	あそべば	よめば	はなせば
의지형 う・よう형	しのう	あそぼう	よもう	はなそう
명령형	しね	あそべ	よめ	はなせ
가능형	しねる	あそべる	よめる	はなせる
れる(られる)	しなれる	あそばれる	よまれる	はなされる
せる(させる)	しなせる	あそばせる	よませる	はなさせる

동사 활용표

기본형 사전형	見る 보다	食べる 먹다
ます형 ません · ました ましょう · たい	みます	たべます
て형	みて	たべて
た형 たら · たり	みた	たべた
ば형	みれば	たべれば
ない형	みない	たべない
의지형 う · よう형	みよう	たべよう
명령형	みろ	たべろ
가능형	みられる	たべられる
れる(られる)	みられる	たべられる
せる(させる)	みさせる	たべさせる

기본형 사전형	来る 오다	する 하다
ます형 ません · ました ましょう · たい	きます	します
て형	きて	して
た형 たら · たり	きた	した
ない형	こない	しない
ば형	くれば	すれば
의지형 う · よう형	こよう	しよう
명령형	こい	しろ
가능형	こられる	できる
れる(られる)	こられる	される
せる(させる)	こさせる	させる

형용사 활용표

イ 형용사

기본형 사전형	高^{たか}い 높다	暑^{あつ}い 무덥다	楽^{たの}しい 즐겁다	よい(いい) 좋다
～です	たかいです	あついです	たのしいです	よいです(いいです)
～て	たかくて	あつくて	たのしくて	よくて
～た ～たら ～たり	たかかった	あつかった	たのしかった	よかった
～ない(です)	たかく ない	あつく ない	たのしく ない	よく ない
～ありません	たかく ありません	あつく ありません	たのしく ありません	よく ありません
～ば	たかければ	あつければ	たのしければ	よければ
명사 수식	たかい	あつい	たのしい	よい
동사 수식	たかく	あつく	たのしく	よく

형용사 활용표

ナ 형용사

기본형 사전형	きれいだ 예쁘다·깨끗하다	親切^{しんせつ}だ 친절하다	好^すきだ 좋아하다	静^{しず}かだ 조용하다
～です	きれいです	しんせつです	すきです	しずかです
～で	きれいで	しんせつで	すきで	しずかで
～た ～たら ～たり	きれいだった	しんせつだった	すきだった	しずかだった
～ない(です)	きれいでは ない	しんせつでは ない	すきでは ない	しずかでは ない
～ありません	きれいでは ありません	しんせつでは ありません	すきでは ありません	しずかでは ありません
～ば	きれいならば	しんせつならば	すきならば	しずかならば
명사 수식	きれいな	しんせつな	すきな	しずかな
동사 수식	きれいに	しんせつに	すきに	しずかに

쓰임	얇고 평평한 것 종이, 접시, 셔츠, 손수건, 사진, 우표, CD	책, 노트, 사전, 앨범, 만화	자동차, TV, 냉장고, 카메라, 컴퓨터	가늘고 긴 것 우산, 비디오 테이프, 병, 꽃, 연필, 담배
조수사	～枚 (まい) ～장	～冊 (さつ) ～권	～台 (だい) ～대	～本 (ほん) ～개
1	いちまい	いっさつ	いちだい	いっぽん
2	にまい	にさつ	にだい	にほん
3	さんまい	さんさつ	さんだい	さんぽん
4	よんまい	よんさつ	よんだい	よんほん
5	ごまい	ごさつ	ごだい	ごほん
6	ろくまい	ろくさつ	ろくだい	ろっぽん
7	ななまい しちまい	ななさつ	ななだい	ななほん
8	はちまい	はっさつ	はちだい	はっぽん
9	きゅうまい	きゅうさつ	きゅうだい	きゅうほん
10	じゅうまい	じ(ゅ)っさつ	じゅうだい	じ(ゅ)っぽん
11	じゅういちまい	じゅういっさつ	じゅういちだい	じゅういっぽん
何	何枚 (なんまい)	何冊 (なんさつ)	何台 (なんだい)	何本 (なんぼん)

조수사

쓰임	사람	그릇에 담긴 것	귤, 계란, 사과	건물의 층수
조수사	~人 (にん) ~명	~杯 (はい) ~잔	~個 (こ) ~개	~階 (かい) ~층
1	ひとり	いっぱい	いっこ	いっかい
2	ふたり	にはい	にこ	にかい
3	さんにん	さんばい	さんこ	さんがい
4	よにん	よんはい	よんこ	よんかい
5	ごにん	ごはい	ごこ	ごかい
6	ろくにん	ろっぱい	ろっこ	ろっかい
7	ななにん しちにん	ななはい	ななこ	ななかい
8	はちにん	はっぱい	はっこ	はっかい
9	きゅうにん	きゅうはい	きゅうこ	きゅうかい
10	じゅうにん	じ(ゅ)っぱい	じ(ゅ)っこ	じ(ゅ)っかい
11	じゅういちにん	じゅういっぱい	じゅういっこ	じゅういっかい
何	何人 (なんにん)	何杯 (なんばい)	何個 (なんこ)	何階 (なんがい)

조수사

쓰임	우리말의 하나, 둘, 셋…	회(수)	요리	상자, 담배갑
조수사	물건 세기	**〜回** (かい) 〜회	**〜皿** (さら) 〜접시	**〜箱** (はこ) 〜상자
1	ひとつ	いっかい	ひとさら	ひとはこ
2	ふたつ	にかい	ふたさら	ふたはこ
3	みっつ	さんかい	さんさら	さんばこ
4	よっつ	よんかい	よんさら	よんはこ
5	いつつ	ごかい	ごさら	ごはこ
6	むっつ	ろっかい	ろくさら	ろくはこ
7	ななつ	ななかい	ななさら	ななはこ
8	やっつ	はっかい	はちさら	はちはこ
9	ここのつ	きゅうかい	きゅうさら	きゅうはこ
10	とお	じ(ゅ)っかい	じ(ゅ)っさら	じ(ゅ)っぱこ
11	じゅういち	じゅういっかい	じゅういっさら	じゅういちはこ
何	いくつ	何回 (なんかい)	何皿 (なんさら)	何箱 (なんばこ)

가족의 호칭

명칭	우리 가족	상대방 또는 제3자 가족	부를 때
(장인) 아버지 · 아버님	(家内の) 父	お父さん	お父さん
(장모) 어머니 · 어머님	(家内の) 母	お母さん	お母さん
시아버지 · 시아버님	しゅうと	おしゅうとさん	お父さん
시어머니 · 시어머님	しゅうとめ	おしゅうとめさん	お母さん
양친 · 부모님	両親	ご両親	
(친) 할아버지 · 할머니	(父方の) 祖父 · 祖母	(お父さんの ほうの) おじいさん · おばあさん	おじいさん おばあさん
(외) 할아버지 · 할머니	(母方の) 祖父 · 祖母	(お母さんの ほうの) おじいさん · おばあさん	おじいさん おばあさん
백부 · 숙부 · 고모부	(父方の) おじ	(お父さんの ほうの) おじさん	おじさん
외숙부 · 이모부	(母方の) おじ	(お母さんの ほうの) おじさん	おじさん
백모 · 숙모 · 고모	(父方の) おば	(お父さんの ほうの) おばさん	おばさん
외숙모 · 이모	(母方の) おば	(お母さんの ほうの) おばさん	おばさん
남편 · 부군	主人 · 夫	ご主人	
집사람 · 아내 사모님(부인)	家内 · 妻	奥さん · 奥さま	
(매형 · 형부) 형님	(義理の) 兄	(義理の) お兄さん	お兄さん
(손위 처남) 오빠	(家内の) 兄	(奥さんの) お兄さん	お兄さん

가족의 호칭

명칭	우리 가족	상대방 또는 제3자 가족	부를 때
형수 · 언니	<ruby>兄嫁<rt>あによめ</rt></ruby>	お兄さんの <ruby>奥<rt>おく</rt></ruby>さん	お<ruby>姉<rt>ねえ</rt></ruby>さん
(손위 올케) 누님	(<ruby>義理<rt>ぎり</rt></ruby>の) <ruby>姉<rt>あね</rt></ruby>	(<ruby>義理<rt>ぎり</rt></ruby>の) お<ruby>姉<rt>ねえ</rt></ruby>さん	お<ruby>姉<rt>ねえ</rt></ruby>さん
(처형) 언니	(<ruby>家内<rt>かない</rt></ruby>の) <ruby>姉<rt>あね</rt></ruby>	(<ruby>奥<rt>おく</rt></ruby>さんの) お<ruby>姉<rt>ねえ</rt></ruby>さん	お<ruby>姉<rt>ねえ</rt></ruby>さん
(매제) 시동생 · 남동생	(<ruby>義理<rt>ぎり</rt></ruby>の) <ruby>弟<rt>おとうと</rt></ruby>	(<ruby>義理<rt>ぎり</rt></ruby>の) <ruby>弟<rt>おとうと</rt></ruby>さん	
(손아래 처남) 남동생	(<ruby>家内<rt>かない</rt></ruby>の) <ruby>弟<rt>おとうと</rt></ruby>	(<ruby>奥<rt>おく</rt></ruby>さんの) <ruby>弟<rt>おとうと</rt></ruby>さん	
(손아래 올케) 여동생	(<ruby>義理<rt>ぎり</rt></ruby>の) <ruby>妹<rt>いもうと</rt></ruby>	(<ruby>義理<rt>ぎり</rt></ruby>の) <ruby>妹<rt>いもうと</rt></ruby>さん	
(처제) 여동생	(<ruby>家内<rt>かない</rt></ruby>の) <ruby>妹<rt>いもうと</rt></ruby>	(<ruby>奥<rt>おく</rt></ruby>さんの) <ruby>妹<rt>いもうと</rt></ruby>さん	
형제 · 자매 · 남매	<ruby>兄弟<rt>きょうだい</rt></ruby>	ご<ruby>兄弟<rt>きょうだい</rt></ruby>	
아들 · 아드님(도련님)	<ruby>息子<rt>むすこ</rt></ruby>	<ruby>息子<rt>むすこ</rt></ruby>さん · おぼっちゃん	
딸 · 따님	<ruby>娘<rt>むすめ</rt></ruby>	<ruby>娘<rt>むすめ</rt></ruby>さん · おじょうさん	
아이 · 자제분	<ruby>子供<rt>こども</rt></ruby>	お<ruby>子<rt>こ</rt></ruby>さん · <ruby>子供<rt>こども</rt></ruby>さん	
사촌	いとこ	いとこの <ruby>方<rt>かた</rt></ruby>	
남조카 · 여조카	おい · めい	おいごさん · めいごさん	
(친) 손자 · 손녀	(<ruby>内<rt>うち</rt></ruby>) <ruby>孫<rt>まご</rt></ruby>	お<ruby>孫<rt>まご</rt></ruby>さん	
(외) 손자 · 손녀	(<ruby>外<rt>そと</rt></ruby>) <ruby>孫<rt>まご</rt></ruby>	お<ruby>孫<rt>まご</rt></ruby>さん	

● 写真の出典

　　　　　　　　　　　　パネルNO

● 2과　　　46p　　　1-017　　　玄関

　　　　　　　　　　　1-034　　　朝ごはん

● 11과　　136p　　　4-004　　　お節料理

● 12과　　146p　　　4-005　　　年賀はがき

● 13과　　156p　　　4-118　　　日本の結婚式（神道式）

● 20과　　226p　　　4-065　　　花火

＊위 사진은 日本 国際交流基金의 「写真パネルバンク」에 수록된 사진들입니다.

저자 약력

조성범

국제대학교 일어일문과 졸업
고려대학교 교육대학원 일어교육 전공
현 경복여자정보산업고등학교 교사
현 서울일본어교육연구회 회장
현 한국일본어교육연구회 회장

저서

그림으로 배우는 일본어 펜맨십_다락원
블랙박스 파이널 일본어_블랙박스
EBS 파이널 수능 특강_EBS한국교육방송공사
고등학교 일본어 교과서Ⅰ·Ⅱ_블랙박스
고등학교 일본어 교과서Ⅰ·Ⅱ 교사용 지도서_블랙박스
고등학교 일본어 교과서Ⅰ 자습서_블랙박스

강흥권

한국외국어대학교 일본어과 졸업
한국외국어대학교 대학원 일본어과 졸업
현 여의도여자고등학교 교사
현 서울일본어교육연구회 교육연구이사

저서

중학교 생활일본어 자습서_대한교과서

지름길
일본어 첫걸음

지은이_조성범 · 강흥권 / 펴낸이_박해성 / 펴낸곳_정진출판사

136-152 서울시 성북구 석관2동 341-48호

TEL (02)969-8561 FAX (02)969-8592

E-mail jj1461@chollian.net

Homepage www.jeongjinpub.co.kr

초판 1쇄 발행 | 2004년 1월 5일   등록번호_제 6-95호(1989. 12. 20)

3쇄 발행 | 2005년 1월 10일   ISBN 89-5700-010-0

정가 12,000원

(듣기테이프 2개 · 별책부록 포함)

무단 표절, 전재를 금합니다.

정진출판사 일본어 교재 안내

시작이 반!
출발! 신경향 일본어 첫걸음

이제 일본어를 혼자 배우고 혼자 완성할 수 있다!

카세트 테이프 3개
별책부록(일본어쓰기교본) 1권 포함

혼자서 배우고 익히는 초보중의 왕초보 일본어

일본어를 전혀 모르는 사람들이 혼자서도 배울 수 있도록
쓰기부터 시작해서 기본문형을 우리말 토와 함께 수록
과학적이면도 체계적인 학습전개

전체를 난이도에 따라 20과로 구성

1~5과는 본문 전체에 우리말 토를
6~10과는 신출어휘 중심으로
11~15과는 한자에만
16~20과는 우리말 토를 완전 삭제

상세한 문법설명과 다양한 연습문제

기본적인 문법 사항 등을 충분한 예문 제시와 함께 설명하고, 그 과
에서 배운 주요 내용을 다시 한번 복습하며 응용할 수 있도록 연습
문제를 구성

기본적인 회화실력을 키우는 살아있는 일본어

일상생활을 통해 흔히 주고받는 내용의 간단한 회화를 만화형태의
그림과 함께 수록

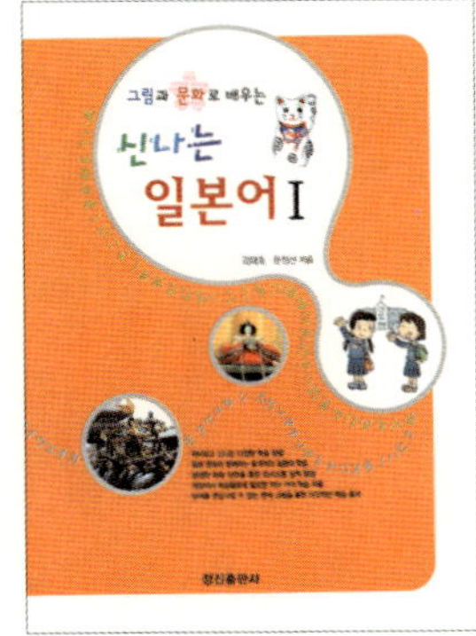

그림과 문화로 배우는

신나는 일본어 Ⅰ

카세트 테이프 2개 포함

재미있고 신나는 다양한 학습 방법

듣기, 말하기, 읽기, 쓰기, 퀴즈, 노래, 롤플레이, 게임, 교실활동, 문화 등 다양한 학습 방법으로 일본어를 배우고자 하는 사람이면 누구나 흥미를 갖고 쉽게 입문할 수 있도록 재미있게 구성하였습니다.

일본 문화와 함께하는 효과적인 일본어 학습

자세하고 알기 쉽게 설명한 일본 문화의 내용과 함께 생생한 일본 문화의 사진을 많이 실어 문화에 대한 이해를 높이도록 하였습니다.

생생한 회화 장면을 통한 의사소통 능력 향상

다년간 일본어 교육의 현장에서 많은 활약을 하고 있는 일본어 교사들이 풍부한 현장 경험을 바탕으로 쉽게 활용할 수 있도록 구성하였습니다.

게임이나 학습활동에 필요한 여러 가지 학습 자료

게임이나 학습활동에 필요한 카드나 돈, 그림 등의 학습자료를 부록으로 만들어 학습자가 직접 오려서 쓸 수 있도록 하였습니다.

혼자서 배우고 익히는
혼자배우는 日本語文法

● 일본어를 현재 배우고 있는 사람들이 체계적으로 일본어 문법을 배워 일본어를 마스터할 수 있도록 편찬한 독학용 일본어 문법서
● 정재헌 著
● 신국판 272면

혼자서 배우고 익히는
혼자배우는 日本語

- 학원 갈 시간이 없는 분들을 위해 혼자서도 쉽게 배울 수 있도록 어구·문장 등을 일상생활 속에서 뽑아 전개한 일본어 완전기초 교본
- 정재헌 著
- 신국판 304면 / 카세트(TAPE 4개) 별매

문형으로 배우는
新 日本語教本

- 기존의 일본어 학습서와는 달리, 단어만 알면 즉석에서 가장 쉽고, 가장 빠르게 회화를 구사할 수 있도록 꾸민 완전 새로운 스타일의 일본어 교본
- 이성화 著
- 4×6배판 320면

언제 어디서나 통하는
상황일본어회화 124

- 일상생활에서 일어날 수 있는 여러가지 상황을 124개로 설정해서 그에 맞는 기본표현과 자주 쓰이는 표현을 엄선하여 수록한 살아있는 일본어 회화집
- 편집부 編著
- 4×6판 288면 / 해설카세트(TAPE 2개) 포함

會話로 배우는 日本語
벚꽃 향기 속으로 1, 2

- 흥미를 유발할 수 있는 회화 내용과 생활언어를 통해 자연스럽게 현대 일본어를 습득할 수 있도록 구성된 강의용 교본
- 金惠玉 著
- 4×6배판 각권 200면 내외 / 각권 카세트(TAPE 2개) 별매

일본어 한자읽기의 획기적 방법

秘法 일본어 漢字읽기

- 일본어의 기원이 고대 우리말이었다는 확신으로, 일본 상용 4,300여 단어를 훈민정음 자음 원리에 의해 그 근원을 밝힌 일본어 한자읽기의 혁신판
- 박관식 著
- 신국판 552면/별책부록 : 한자읽기 가나다순 정리

국내 최초로 개발된 일어동사 암기법

秘法 일본어 動詞암기

- 일본어 동사를 어미별로 분류하여 가장 쉽고 빠르게 기억할 수 있도록 국내 최초로 개발한 일본어 동사 암기법
- 박관식 著
- 신국판 240면

UPGRADE

분야별 일본어 단어

- 언제 어디서나 일본인을 만나더라도 초·중급 수준의 학습자들이 즉석에서 활용할 수 있도록 약 4,000여 개의 단어와 기본문장을 우리말 토와 함께 분야별로 정리하여 휴대하기 편하게 제작한 단어집
- 편집부 編著 / 阿部由美子 監修
- 국반판 272면 / 해설카세트(TAPE 4개) 포함

일본어 실력 향상을 위한

日本語單語集

- 일본어 학습자에게 가장 기본이 되는 단어실력의 배양을 위해 가장 핵심이 되는 3,300 단어를 폭넓은 예문과 함께 수록한 단어 모음집
- 편집부 編
- 4×6판 400면

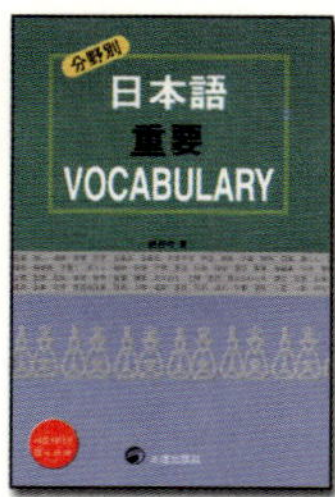

분야별

日本語 重要 VOCABULARY

● 사회·생활, 정치·외교, 경제·산업, 문화·교양, 환경·과학, 기타 등의 여섯 단락으로 구성해 각 분야마다 자주 쓰이는 어휘를 간단한 예문과 함께 수록
● 변은숙 著
● 신국판 334면 / 해설카세트(TAPE 6개) 별매

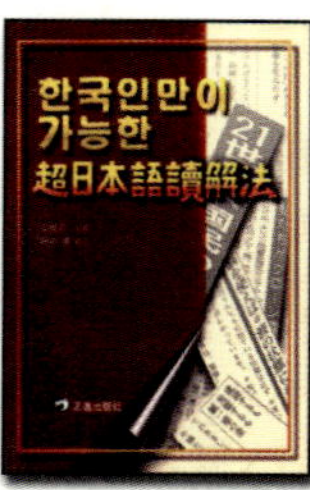

한국인만이 가능한 超日本語讀解法

● 일본어의 체계 및 이해과정에 따라 단어선택과 문장구성을 기초부터 고급수준까지 단계적으로 접근·전개, 학습자의 환경에 맞추어 단계별 학습이 가능하도록 한 일본어 독해의 획기적 방법
● 김병규 著/田中 博 감수
● 신국판 312면

재미있는

문장으로 배우는 日本語

● 일본어 기초를 마친 사람들이 다양한 문장을 통해 흥미있게, 또 폭넓게 배울 수 있도록 일본의 신문 사설·교양서적·명작 등에서 발췌하여 엮은 독해 교본
● 이상기 編著
● 신국판 224면

무궁화꽃 향기를 찾아서

觀光通譯日本語

● 관광통역안내원과 통역안내원이 되고자 시험 준비를 하고 있는 수험생들이 한국의 역사와 문화, 명소와 명물 등을 익히고 이를 생생하게 일본어로 전달할 수 있도록 만든 통역 지침서
● 김혜옥 編著
● 4×6배판 384면